Aurelio Bianco & Sara Dieci

Biagio Marini, Madrigali et Symfonie

Centre d'études supérieures de la Renaissance de Tours
Université François-Rabelais

Collection « Épitome musical » dirigée par Philippe Vendrix

Editorial Committee: Hyacinthe Belliot, Vincent Besson, Xavier Bisaro, David Fiala, Christian Meyer, Daniel Saulnier, Vasco Zara

Advisory board: Vincenzo Borghetti (Università di Verona), Marie-Alexis Colin (Université Libre de Bruxelles), Richard Freedman (Haverford College), Giuseppe Gerbino (Columbia University), Andrew Kirkman (University of Birmingham), Laurenz Lütteken (Universität Zürich), Pedro Memelsdorff (Schola Cantorum Basiliensis), Kate van Orden (Harvard University), Yolanda Plumley (University of Exeter), Massimo Privitera (Università di Palermo), Jesse Rodin (Stanford University), Emilio Ros-Fabregas (CSIC-Barcelona), Katelijn Schiltz (Universität Regensburg), Thomas Schmidt (University of Manchester)

Editing: Vincent Besson

Publication cofinancée par le fonds européen de développement régional

2014 © Brepols publishers, Turnhout, Belgium
isbn : 978-2-503-55328-3
dépôt légal : D/2014/0095/165

Cover: Agnolo di Cosimo di Mariano Tori (detto il Bronzino), *Allegoria del trionfo di Venere*, olio su tavola, Londra, National Gallery.

All rights reservers. No part of this publication may be reproduced, stored in a retrieval system, or transmitted, in any form or by any means, electronic, mechanical, photocopying, recording, or otherwise, without the prior permission of the publisher.
Printed in the E.U. on acid-free paper.

Aurelio Bianco & Sara Dieci

Biagio Marini, Madrigali et Symfonie

BREPOLS

Questa pubblicazione ha beneficiato della collaborazione e di sovvenzioni del Labex GREAM *nel quadro del* Programme d'Investissements d'Avenir (*referenza* n°ANR-10-LBX-27).

Cette publication a bénéficié de la collaboration et d'une aide budgétaire du Labex GREAM *dans le cadre du* Programme d'Investissements d'Avenir *portant la référence* n°ANR-10-LBX-27.

SOMMARIO

Avvertimenti 7

Ringraziamenti 8

1. Elementi biografici e storiografici 9

2. I Madrigali et symfonie op. II 15
- *Contesto musicale* 15
- *Committenze* 26

3. Contenuto della raccolta 37
- *Musica vocale* 37
- *Musica strumentale* 58

4. Considerazioni sulla ricostruzione del basso continuo 77

5. Il libro 85
- *Le fonti* 85
- *Frontespizio* 87
- *Lettera dedicatoria* 87
- *Tavola dei brani* 87

6. I testi poetici 89
- *Norme editoriali* 89
- *Trascrizione dei testi* 90
- *Apparato critico* 96

7. Le musiche 97
- *Norme editoriali* 97
- *Apparato critico* 98

8. L'edizione 109

» Le carte in ch'io primier scrissi e mostrai 111
» Vezzosi augelli infra le verdi fronde 113
» Perché fuggi tra' salci 115
» Non te'n fuggir deh spira 117
» Perché credi o mio core 119
» S'io non ti toglio un bacio 121
» Questi languidi fiori 123
» Deh non coglier più fiori 124
» Misero me son morto 128
» O care stille hor che pietà vi scioglie 131
» Anzoletta del ciel senza peccà 135
» Se nel sereno viso 139
» Chi quella bella bocca 144
» La Rizza 151
» La Cominciola 161
» La Finetta 167
» La Philippi 172
» La Bombarda 180
» La Rossa 182
» La Malipiera 185
» La Grilla 190
» Il Grimani 194
» La Scistina 196
» La Roccha 198
» Il Seccho 200

9. bibliografia 203
10. Indice dei nomi 213

AVVERTIMENTI

≪ ≫

Per la realizzazione degli esempi musicali sono stati osservati i seguenti criteri: le note sono trascritte in integer valor. *L'utilizzazione della stanghetta di misura ha tuttavia imposto in alcuni casi il loro scioglimento e la conseguente adozione di legature di valore. Sono stati mantenuti i segni di* tactus *originali mentre le chiavi sono modernizzate secondo gli standard odierni. Sono state riportate tutte le alterazioni presenti nell'originale, comprese quelle pleonastiche. Ogni alterazione è valida per l'intera durata della misura. Le alterazioni proposte dall'editore figurano al di sopra delle note e con un carattere più piccolo. Alterazioni di cortesia tra parentesi tonde indicano casi in cui sono plausibili differenti scelte esecutive. Qualora delle note siano occasionalmente interessate da un bemolle, un bequadro o un diesis, successive alterazioni di cortesia sono impiegate – salvo casi particolarmente ambigui – solo all'interno della misura in questione. Una nota deve essere dunque automaticamente riportata al suo stato 'naturale' a partire dalla misura successiva a quella in cui appare alterata.*

Per le differenti ottave delle note si fa riferimento alla seguente tabella

RINGRAZIAMENTI

Desideriamo esprimere la nostra gratitudine a tutte le persone che hanno contribuito alla stesura di questo libro rendendolo con i loro preziosi consigli migliore più di quanto non lo sarebbe mai stato. L'elenco è lungo e ci scusiamo con chi non troverà spazio in queste righe. Un doveroso ringraziamento è tuttavia rivolto a Pierre Michel, direttore del GREAM (Groupe de Recherches Expérimentales sur l'Acte Musical – Université de Strasbourg) a Bonaventura Foppolo e a Marco Gerosa. La nostra stima e la nostra amicizia vanno poi a Alberto Allegrezza, Stefanio Batacchio, Hyacinthe Belliot, Vincent Besson, Servio Bona, Sergio Bestente, Nicola Catelli, Giuliano Cazzaniga, Igor Del Vecchio, Roberto Di Cecco, Ivan Epicoco, Giacomo Paride Furlotti, Lina Lazzari, Huub van der Linden, Marie de Mullenheim, Jacopo Pellegrini, Francesco Russo, Domenico Sassone, Vincenzo Titomanlio, Michele Vannelli e Philippe Vendrix.

Colmar e Parma, dicembre 2013.
Aurelio Bianco e Sara Dieci

1. ELEMENTI BIOGRAFICI E STORIOGRAFICI

Il compositore e violinista bresciano Biagio Marini è comunemente riconosciuto come una delle più singolari personalità della tradizione strumentale d'inizio Seicento. Rappresentante modello del musicista itinerante di epoca barocca, Marini conobbe impieghi in numerose e prestigiose istituzioni musicali non solo in Italia ma anche a Nord delle Alpi. Si ricordano in primo luogo i momenti trascorsi nella basilica di San Marco a Venezia e quelli passati al servizio del duca Wolfgang Wilhelm von Pfalz-Neuburg.[1] Più o meno fugaci apparizioni lo vogliono poi attivo, oltre che nella natia Brescia, a Parma, Milano, Bruxelles, Bergamo, Padova, Ferrara e Vicenza. Una carriera costellata dunque da grandi spostamenti, da importanti riconoscimenti ma anche da insuccessi, ridimensionamenti dello *status* professionale, nonché imprevisti licenziamenti.[2] E in effetti il percorso lavorativo di Marini non appare sempre del tutto lineare. Ora impiegato come semplice strumentista, ora come primo violino, ora come maestro di cappella, ora come cantore-strumentista, Marini visse le differenti stagioni del proprio *iter* professionale in maniera assai altalenante. Il probabile scotto da pagare per una personalità forse poco incline ad accettare il confronto con i colleghi e i propri superiori, o più semplicemente il risultato di chi (per una ragione o per un'altra) non aveva avuto modo e tempo di saldare solide relazioni nelle istituzioni e nei luoghi in cui si era trovato a operare.[3]

---

1. Marini fu assunto nella cappella marciana una prima volta dal 1615 al 1620 ed una seconda tra il 1652 e il 1653. La presenza del musicista bresciano alla corte del duca di Neuburg coincide invece con gli anni 1623-1628 e una parte del biennio 1644-1645.
2. Marini fu messo alla porta almeno due volte nel corso delle sue attività musicali. Curiosamente questi suoi passi falsi si verificarono durante il secondo soggiorno alla corte del duca di Neuburg e al tempo del secondo impiego nella cappella marciana; cfr. Aurelio BIANCO/Emilie CORSWAREM/Philippe VENDRIX, *Gilles Hayne, Biagio Marini et le duc de Neuburg*, in «Studi Musicali», XXXVI, 2007, 2, pp. 390-391 – Roark MILLER, *Divorce, dismissal, but no disgrace: Biagio Marini's career revisited*, in «Recercare», IX, 1997, pp. 7-8.

Sin dal primissimo *revival* dell'opera di Marini l'attenzione della critica si è sostanzialmente rivolta ad aspetti relativi alla produzione strumentale del musicista bresciano. Sintetizzando, due sono i meriti che gli vengono riconosciuti: aver partecipato a una prima definizione del genere della trio-sonata e aver contribuito in maniera determinante allo sviluppo della tecnica violinistica tanto in area italiana quanto in area tedesca. Un giudizio che se pur tra mille sfumature e distinguo appare ancora oggi comunemente accettato.[4] Non a caso – si potrebbe aggiungere – le prime uscite dell'*opera omnia* di Marini contemplano unicamente raccolte dedicate a generi strumentali.[5] Una situazione quest'ultima che evidentemente ha condizionato non poco il ruolo assegnato al violinista lombardo nel panorama musicale d'inizio Seicento ma che in realtà mal corrisponde – almeno sotto il profilo squisitamente quantitativo – a un'oggettiva rappresentazione della produzione di Marini. Nel suo insieme l'opera del musicista bresciano è difatti di gran lunga costituita più da componimenti vocali che non strumentali. Va altresì detto che anche sul versante della disamina del repertorio musicale per il quale è oggi più comunemente conosciuto, si è spesso indugiato in modo sin troppo meccanico sull'impronta lasciata da Marini sulle generazioni future. Un

---

3. La vita di Marini è descritta nei tratti essenziali in Thomas D. DUNN, *Marini, Biagio*, in *The New Grove Dictionary of Music and Musicians*, Second Edition, a cura di Stanley Sadie e John Tyrrell, Oxford-New-York, Oxford University Press, 2001, vol. XV, pp. 862-863 – Joachim STEINHEUER, *Marini, Biagio*, in *Die Musik in Geschichte und Gegenwart*, Zweite, neubearbeitete Ausgabe, a cura di Ludwig Finscher, Kassel, Bärenreiter - Stuttgart, Metzler, 1994-2008, Personenteil, vol. XI, coll. 1094-1098 – Franco PIPERNO, *Marini, Biagio*, in *Dizionario Biografico degli Italiani*, http://www.treccani.it/enciclopedia/tag/biagio-marini/Dizionario_Biografico/. Alcune considerazioni sulle attività e gli spostamenti del musicista sono proposte anche in Aurelio BIANCO/Emilie CORSWAREM/Philippe VENDRIX, *Gilles Hayne, Biagio Marini et le duc de Neuburg* cit., pp. 377-382 e pp. 391-395. Si segnala inoltre una biografia di Marini in cui sono particolarmente presi in considerazione gli anni del suo primo viaggio in Germania; cfr. Georg BRUNNER, *Biagio Marini. Die Revolution in der Instrumentalmusik*, Schrobenhausen, Bickel, 1997.
4. È con il saggio di Dora Iselin, nel primo dopoguerra, che prendono avvio i primi studi sistematici su Marini; cfr. Dora ISELIN, *Biagio Marini: sein Leben und seine Instrumentalwerke*, Inaugural-Dissertation zur Erlangung der Doktorwürde der philologisch-historischen Abteilung der hohen philosophischen Fakultät der Universität Basel, Hildburghausen, Gadow & Sohn, 1930. Questo contributo – come appare evidente sin dal titolo – è essenzialmente indirizzato al repertorio strumentale del musicista. Nel solco di questa tradizione si inserisce nella sostanza anche l'unica biografia di Marini pubblicata in tempi recenti; cfr. Georg BRUNNER, *Biagio Marini. Die Revolution in der Instrumentalmusik* cit.
5. L'*opera omnia* di Marini appare nella collana *Monumenti Musicali Italiani* (*Opere di Antichi Musicisti Bresciani*) sotto il patrocinio della Società Italiana di Musicologia e del Centro di Studi Musicali 'Luca Marenzio' di Brescia. Allo stato attuale sono stati pubblicati i seguenti libri: Franco PIPERNO (a cura di), *Biagio Marini. Affetti musicali, Opera Prima*, Milano, Suvini Zerboni, 1990 – Ottavio BERETTA (a cura di), *Biagio Marini. Per ogni sorte di strumento musicale, libro terzo. Opera XXII (1655)*, Milano, Suvini Zerboni, 1997 – Maura ZONI (a cura di), *Biagio Marini. Sonate, sinfonie canzoni, passamezzi, balletti, correnti, gagliarde, & ritornelli, a 1, 2, 3, 4, 5, & 6, voci per ogni sorte di strumenti. Opera Ottava (1629)*, Milano, Suvini Zerboni, 2004.

atteggiamento a cui non si sottrae la maggior parte degli studi a lui dedicati, quasi che questo debba necessariamente costituire l'aspetto più rilevante dell'opera di un musicista.[6] In una fase in cui i modelli non appaiono ancora pienamente delineati, in un momento in cui tra autori di un'identica 'scuola' si possono riscontrare sostanziali differenze per scelte di generi e/o per l'approccio stilistico-formale (quale esempio più pertinente quello che scaturisce dal confronto tra le sonate di Marini e quelle del concittadino Giovanni Battista Fontana), interpretare la produzione di un compositore unicamente – o principalmente – in funzione delle scelte a venire può facilmente prestare il fianco alla critica.[7]

Tre sono le antologie ancora oggi note di Marini interamente dedicate a generi strumentali: i celebri *Affetti musicali* op. I (raccolta edita poco tempo dopo il suo arrivo a Venezia),[8] le altrettanto famose *Curiose et moderne inventioni* op. VIII (libro ideato, se non integralmente almeno in buona parte, durante il primo soggiorno in Germania)[9] e infine le *Sonate da chiesa e da camera* op. XXII (pubblicazione apparsa negli ultimi anni di vita del musicista).[10] Se si accetta – come appare ragionevole pensare – che con quest'ultima raccolta si sia concluso l'impegno editoriale di Marini, almeno sette libri del musicista bresciano sono oggi interamente perduti.[11] Potrebbe pertanto essere naturale asserire che tra alcune di queste pubblicazioni scomparse possano esserci state anche altre collezioni di sonate, di *canzoni da sonar* e/o di movimenti di danza d'ogni genere. Vi sono tuttavia ragionevoli margini di certezza che per quanto riguarda le antologie strumentali, il catalogo a stampa di Marini fosse costituito unicamente dalle tre già citate raccolte. Indicazioni in tal senso ci sono offerte dal frontespizio della sua

---

6. Cfr. Thomas D. Dunn, *The Sonatas of Biagio Marini: Structure and Style*, in «The Music Review», XXXVI, 3, 1975, p. 161 – Fabio Fano, *Biagio Marini, violinista in Italia e all'estero*, in «Chigiana», XXII, 2, 1965, p. 57 – Vittorio Gibelli, *La musica strumentale di Biagio Marini*, in «Quadrivium», XI, 1970, p. 65. Se pur limitatamente ad aspetti di ordine meno generale, si vedano in proposito anche William S. Newman, *The Sonata in the Baroque Era*, New York, Norton & Company, ³1972, pp. 102-105, 130, 214 e 233 – David D. Boyden, *The History of Violin Playing from its Origins to 1761 and its Relationship to the Violin and Violin Music*, London, Oxford University Press, ³1975, pp. 135-136.
7. Non mancano tuttavia in tal senso anche voci in controtendenza: «There is no reason to suppose that his [Marini] particular approach to formal structure in any substantial way influenced the development of the Corellian Sonata, nor indeed are there many stylistic correspondences, for Marini's sonatas are very much those of an instrumentalist while organists were responsible for most of the lasting developments of this period»; cfr. Peter Allsop, *The Italian 'Trio' Sonata. From its Origins until Corelli*, Oxford, Clarendon Press – New York, Oxford University Press, 1992, pp. 99-100.
8. Biagio Marini, *Affetti musicali*, Venezia, Stampa del Gardano, appresso Bartolomeo Magni, 1617.
9. Id., *Sonate, symphonie, canzoni, pass'emezzi, baletti, corenti, gagliarde, & ritornelli* [...] *con altre curiose & moderne inventioni*, Venezia, Stampa del Gardano, appresso Bartolomeo Magni, 1629 [recte 1626].
10. Id., *Diversi generi di sonate, da chiesa, e da camera*, Venezia, Francesco Magni, 1655. Marini muore il 17 novembre del 1663, otto anni dopo la pubblicazione dell'op. XXII.
11. Rispettivamente le opere IV, X, XI, XII, XIV, XVII e XIX.

ultima pubblicazione, le *Sonate da chiesa e da camera*, raccolta presentata non solo a titolo di «opera XXII» ma anche come «Libro terzo». Una precisazione quest'ultima che lascerebbe in effetti intuire che le sillogi di musica strumentale del violinista bresciano dovessero essere state effettivamente solo tre. Poco credibile si rivela infatti l'idea che l'op. XXII fosse in origine composta da un insieme di tre distinte pubblicazioni.[12] Più verosimilmente, l'op. I (gli *Affetti musicali*) e l'op. VIII (le *Curiose et moderne inventioni*) devono essere intese come il primo e il secondo libro della 'serie' a cui vanno poi aggiunte le *Sonate da chiesa e da camera*.[13] Quest'ultimo lavoro coinciderebbe così con la terza e ultima raccolta di musica strumentale di Marini.[14] Se si dà per buona l'ipotesi, risulta evidente che nel corso della propria 'carriera' editoriale Marini doveva essersi principalmente indirizzato ad ambiti squisitamente vocali. Su questo versante la produzione del musicista bresciano copre un ventaglio di composizioni e stili assai ampio che ben corrisponde ai differenti generi dei primi cinquant'anni del Seicento: il *corpus* comprende brani monodici sul modello del recitativo fiorentino, canzonette a una o più voci, arie strofiche, madrigali (in ossequio alla tradizione tardo cinquecentesca ma anche alle tendenze più innovative dei primi trenta/quarant'anni del XVII secolo), messe, mottetti e salmi con o senza strumenti concertati.

Un primo approccio al repertorio vocale di Marini lo si deve alla musicologa americana Willene B. Clark.[15] Anche se questo studio appare oggi assai datato, ha l'indubbio merito di aver aperto la strada in questa direzione. Più di recente Daniele Torelli ha sondato efficacemente la produzione sacra di Marini, inquadrandola nel suo insieme nel contesto musicale e culturale lombardo della metà del Seicento.[16] Se questi differenti campi d'indagine hanno contribuito a presentare in maniera più pertinente la personalità musicale di Marini si può paradossalmente rilevare che le prospettive di

---

12. Cfr. Thomas D. DUNN, *The Sonatas of Biagio Marini: Structure and Style* cit., pp. 175-176. Si tratterebbe in effetti a nostra conoscenza dell'unico caso del Seicento strumentale italiano in cui un identico numero d'opera venga diviso e edito in pubblicazioni separate.

13. Un'analoga situazione si riproduce d'altra parte anche nel catalogo mariniano di musica sacra: i *Salmi* op. 18 e i *Vespri* op. 20 sono infatti rispettivamente accompagnati dalle indicazioni «Libro primo» e «Libro secondo»; Biagio MARINI, *Salmi per tutte le solennità dell'anno concertati nel moderno stile, ad una, due, e trè voci con violini e senza [...] Opera XVIII*, Venezia, Stampa del Gardano, appresso Francesco Magni, 1653 – ID., V*espri per tutte le festività dell'anno. A quattro voci. Da cantarsi in capella e nell'organo [...] Opera XX*, Venezia, Stampa del Gardano, appresso Francesco Magni, 1654.

14. Cfr. Peter ALLSOP, *The Italian 'Trio' Sonata. From its Origins until Corelli* cit., p. 99, nota n. 18.

15. Cfr. Willene B. CLARK, *The Vocal Music of Biagio Marini (c. 1598-1665)*, Ph. D. Diss., 2 voll., Yale University, 1966.

16. Cfr. Daniele TORELLI, «*Sopra le tenebre del mio povero inchiostro»: Biagio Marini e la musica sacra*, in *Barocco padano 4*, atti del XII Convegno internazionale sulla musica italiana nei secoli XVII-XVIII (Brescia, 14-16 luglio 2003), a cura di Alberto Colzani, Andrea Luppi e Maurizio Padoan, Como, Antiquae Musicae Italicae Studiosi, 2006, pp. 145-204.

ricerca sul versante dell'opera strumentale sembrano essersi oggi esaurite, forse come riflesso di queste nuove tendenze o forse perché questi particolari ambiti appaiono oramai sufficientemente indagati.[17] A questo proposito va segnalato che brani autonomi di musica strumentale sono presenti, oltre che negli *Affetti musicali*, nelle *Curiose et moderne inventioni* e nelle *Sonate da chiesa e da camera* anche in pubblicazioni di Marini contenenti principalmente composizioni vocali: l'op. II, III, XV e XVI.[18] Tra questi ultimi libri, i *Madrigali et symfonie* opera seconda rivestono una posizione particolare nell'economia nella produzione di Marini. La raccolta si segnala in effetti non solo per essere la sua prima pubblicazione in cui compaiono brani vocali ma anche per essere l'unica tra quelle di questo tipo in cui la musica strumentale esercita ancora un ruolo niente affatto marginale: tredici brani vocali per diverse combinazioni di voci (con o senza strumenti concertati) e dodici composizioni strumentali da quattro a due voci più basso continuo.[19]

---

17. Assai deludente si rivela in tal senso l'edizione critica dell'op. VIII di Marini, dove a un'accurata indagine filologico-testuale non corrisponde un'altrettanto attenta esamina degli aspetti stilistico-formali dei componenti della raccolta; cfr. Maura ZONI, *Biagio Marini. Sonate, sinfonie, canzoni* cit., pp. IX-XLIII.
18. Biagio MARINI, *Madrigali et symfonie*, Venezia, Stampa del Gardano, appresso Bartolomeo Magni, 1618 – ID., *Arie, madrigali et correnti*, Venezia, Stampa del Gardano, appresso Bartolomeo Magni, 1620 – ID., *Corona melodica*, Antwerpen, Haeredes Petri Phalesii, 1644 – ID., *Concerto terzo delle musiche da camera*, Milano, Carlo Camagno, 1649.
19. Nell'op. III, XV e XVI la componente strumentale risulta in effetti decisamente molto meno importante rispetto ai *Madrigali et symfonie* tanto sotto il profilo quantitativo, tanto sotto quello qualitativo: nel primo caso si tratta di sei brevi brani che, ad eccezione della «Romanesca per violino solo e basso se piace», non si segnalano certo per essere tra i migliori componimenti di Marini, mentre ai madrigali dell'op. XVI sono affiancate solo due succinte *suites* di danza. Per quanto riguarda le sonate dell'op. XV si può dire purtroppo ben poca cosa perché il libro è mutilo di tutte le parti ad eccezione di quella del basso continuo. Va comunque ancora una volta rilevato che si tratta di quattro brani strumentali su un totale di quattordici mottetti con o senza strumenti concertati.

Biagio Marini
Madrigali et symfonie
fascicolo del *Canto primo*, frontespizio

Bologna, Museo Internazionale e Biblioteca della Musica, AA236
(International museum and library of music of Bologna)

2. I MADRIGALI ET SYMFONIE OP. II

Contesto musicale

Apparsi nel 1618 durante il primo soggiorno veneziano di Marini, i *Madrigali et symfonie a una, due, tre, quattro e cinque* [voci] seguirono di pochissimo l'uscita degli *Affetti musicali*, sua prima opera a stampa.[20] Si trattava senza dubbio di un momento decisivo per la carriera del musicista. Da poco assunto nella basilica di S. Marco, Marini doveva essere stato particolarmente attento a confermare e a valorizzare la propria posizione tra le fila della cappella marciana, non solo come abile strumentista ma anche come valido compositore. Malauguratamente la raccolta ci è pervenuta in maniera incompleta: dei *Madrigali et symfonie* si conservano in effetti unicamente i fascicoli del *Canto primo*, del *Canto secondo* e del *Basso*. Il libro-parte del basso continuo è invece da considerare, salvo futuri ritrovamenti, come perduto. Circostanza quest'ultima che evidentemente spiega e giustifica lo scarso interesse accordato dalla letteratura scientifica a questo lavoro del musicista bresciano. I *Madrigali et symfonie* appaiono difatti per lo più segnalati a margine della produzione di Marini oppure semplicemente citati nel vasto ventaglio della musica italiana di inizio Seicento.[21] In realtà la lettura della raccolta non è del

---

20. La lettera dedicatoria degli *Affetti musicali* è firmata da Marini il 25 gennaio 1617. La data di edizione della raccolta deve essere tuttavia intesa quasi certamente *more veneto*; l'uscita del libro va pertanto assegnata nel corrente calendario all'inizio dell'anno successivo; cfr. Franco PIPERNO, *Biagio Marini. Affetti musicali* cit., p. XIII. Dato che i *Madrigali et symfonie* sono presentati al pubblico il primo maggio del 1618, i due libri dovettero essere stati lanciati sul mercato editoriale solamente a qualche mese di distanza l'uno dall'altro.

21. A generale giustificazione va detto che nella prima serie del catalogo Sartori sono indicati come superstiti solo i fascicoli del *Canto primo* e del *Basso*; cfr. Claudio SARTORI, *Bibliografia della musica strumentale italiana stampata in Italia fino al 1700*, Firenze, Olschki, 1952, pp. 244-245. Così nel suo pionieristico saggio la Clark concede pochissimo spazio alla pubblicazione, da lei peraltro ritenuta mutila di tutte

tutto compromessa dalla perdita del basso continuo dato che quest'ultimo deve necessariamente quasi sempre assecondare la funzione di basso seguente. Così se si considera che il superstite fascicolo del *Basso* raggruppa le parti vocali e strumentali gravi, non risulta particolarmente difficoltoso ridisegnare l'aspetto originario delle musiche. Ciò appare evidente soprattutto per quanto riguarda i componimenti strumentali e i brani vocali d'insieme. Un discorso più articolato vale ovviamente per le composizioni in stile recitativo o là dove la varietà dei modelli formali adottati impone maggiori cautele qualora si intenda ripristinare la parte mancante.[22]

Nonostante operazioni di questo genere tradiscano oggettivi limiti, la possibilità di proporre in maniera 'integrale' i *Madrigali et symfonie* di Marini assolve perlomeno il compito di offrire alla comunità scientifica nuovi strumenti d'indagine e questo non limitatamente all'ambito del caso specifico della raccolta in questione. Il libro non mancherebbe in effetti di quelle qualità storico-musicali che permettono di proiettarlo in una dimensione che va ben oltre quella delle singole vicende artistiche dell'autore. La presenza di un'intonazione della *Lettera amorosa* di Claudio Achillini (lavoro che precede, almeno dal punto di vista editoriale, la ben più nota versione di Monteverdi), l'impiego di strumenti obbligati in ambito madrigalistico (da considerarsi ancora una volta come un primato della raccolta), la più antica testimonianza certa di passaggi con doppie corde per il violino come anche dell'uso dell'indicazione «affetti» in ambito strumentale, sono tutti elementi che concorrono a delineare filiazioni e scambi tra un autore e l'altro, a definire in maniera più pertinente l'evoluzione di differenti repertori, nonché a suggerire decisive informazioni di prassi esecutiva del tempo. A onor del vero va detto che un primo tentativo di ricostruzione della parte mancante dell'op. II di Marini lo si deve al musicologo americano Thomas Dunn, per quanto limitatamente a una manciata di brani e non senza qualche incertezza di ordine stilistico.[23]

---

le parti tranne quella del *Canto primo*; cfr. Willene B. CLARK, *The Vocal Music of Biagio Marini* cit., vol. 1, p. 54. Altrettanto laconico il commento riservato da Thomas Dunn alla sezione strumentale dei *Madrigali et symfonie*, semplicemente citata nelle differenti parti del suo saggio; cfr. Thomas D. DUNN, *The Instrumental Music of Biagio Marini*, Ph.D. Diss., Yale University, 1969, vol. 1, pp. 13-14, 37, 46, 55, 104, 131 e 133. Più di recente si segnala uno studio di Rebecca Cypess ma va aggiunto che, per quanto in quest'ultimo caso ci si dilunghi molto di più sull'op. II Marini, non viene nella sostanza alterato il quadro della situazione; cfr. Rebecca S. CYPESS, *Biagio Marini and the Meanings of Violin Music in the Early Seicento*, Ph.D. Diss., Yale University, 2008, pp. 74-132.

22. Per quanto riguarda le linee di alto e di tenore (vocali e strumentali) della raccolta, queste trovano spazio – secondo una pratica editoriale assai comune all'epoca – nei fascicoli del *Canto primo*, *Canto secondo* e nel libro-parte del *Basso*.

23. Thomas D. DUNN, *Biagio Marini*, in *Web Library of Seventeenth-Century Music*, http://www.sscm-wlscm.org/index.php/main-catalogue?pid=27&sid=34:Madrigali-et-symfonie-Op-2-selections. I brani trascritti sono sei su un totale di venticinque: *Le carte in ch'io primier scrissi e mostrai*, *Chi quella bella bocca*, *La Rizza*, *La Cominciola*, *La Malipiera* e *La Grilla*.

Simbolicamente a metà cammino tra produzione vocale e strumentale, i *Madrigali et symfonie* si rivelano un'importante tappa per definire le strategie stilistico-compositive di un Marini all'inizio della propria carriera. Può qui dunque essere utile presentare più nel dettaglio il percorso del musicista durante gli anni che precedono e accompagnano l'uscita del libro: Biagio Marini nasce a Brescia il 3 febbraio del 1594 da Feliciano Marini e Giulia Bondioli.[24] A dispetto della comune idea secondo la quale la maggior parte dei musicisti dell'epoca dovesse provenire da ambienti umili, i Marini appartenevano senz'altro al ceto medio cittadino.[25] A testimonianza di uno *status* sociale raggiunto ormai da qualche generazione, il trisnonno paterno di Biagio Marini, un tal Agostino, è ricordato in tutta una serie di documenti come «maestro di grammatica».[26] Nonostante le lunghe assenze dalla città natale molti di questi medesimi atti amministrativi rivelano che Biagio Marini aveva conservato a Brescia un discreto numero di beni tra immobili e terreni, verosimilmente frutto non solo dell'arricchimento del musicista ma anche del patrimonio acquisito dal casato nel tempo. Non mancherebbero poi segnali che tendono ad accreditare anche il ramo materno di Marini a una condizione sociale di tutto rispetto. Un fratello della madre, il

---

24. La data è deducibile dall'atto battesimale, documento redatto nella chiesa di S. Salvatore tre giorni dopo la nascita del musicista: «Marini A di 6. Febraro 1594 – Biasio et Picino fig.[li]o di m.[esser] Feliciano Marino e di Mad.[onn]a Julia sua co[n]sorte fu battez.[zat]o da me do[n] Tra[n]q[ui]llo curato i[n] la mia chiesa di S.[an] Salvator[e] Comp[a]re fu il s.[igno]r Troiano Maggio com[ma]re la S.[igno]ra Marta di Sa[n]girvasi. Na[c]q[ue] alli 3 detto mese»; Brescia, Archivio parrocchiale di S. Afra in S. Eufemia, Anagrafe parrocchiale, Registro dei Battesimi 1586-1597, p. 77. Il documento è stato rinvenuto da Pierluigi Soverico nel corso di una progettata e mai ultimata tesi di laurea. La scoperta venne successivamente comunicata in un articolo di Vittorio Gibelli, senza però che fosse trascritto il documento; cfr. Vittorio GIBELLI, *La musica strumentale di Biagio Marini* cit., p. 55. Nel corso della preparazione dell'edizione critica dell'opera XXII di Marini, Ottavio Beretta raccoglieva finalmente la segnalazione del Soverico. L'atto battesimale fu quindi pubblicato in un suo articolo, ponendo così termine a ogni discussione sull'anno di nascita del musicista; cfr. Ottavio BERETTA, *Individuata la data di nascita di Biagio Marini (Brescia 3 febbraio 1594 – Venezia 17 novembre 1663). Comunicazione provvisoria*, in «Rivista internazionale di musica sacra», XVII, 2, 1996, p. 189. A proposito della chiesa di S. Salvatore, il Beretta osserva che «si trattava del nuovo titolo assunto dall'antichissima chiesa dei SS. Faustino e Giovita *ad sanguinem* una volta che le reliquie dei due santi erano state traslate nella basilica di S. Faustino Maggiore. Tra il 1580 e il 1603 la parrocchiale subì una serie di interventi, assumendo poi il titolo di S. Afra. La chiesa fu completamente distrutta durante il bombardamento alleato del 3 marzo del 1945. Tutti i documenti della parrocchia scampati alle devastazioni della guerra furono successivamente trasportati nella chiesa sussidiaria di S. Afra in S. Eufemia; cfr. ID., *Biagio Marini. Per ogni sorte di strumento musicale* cit., p. XIX.
25. Le attività mercantili del gruppo familiare sono segnalate in città sin dalla fine del Quattrocento; cfr. Joanne M. FERRARO, *Family and Public Life in Brescia, 1580–1650. The Foundations of power in the Venetian State*, Cambridge, Cambridge University Press, 1993, p. 71.
26. Brescia, Biblioteca Queriniana, Polizze d'estimo b. 83-B; cfr. Paolo GUERRINI, *Per la storia della musica a Brescia*, in «Note d'archivio per la storia musicale», XI, 1, 1934, pp. 16-17 – Dora ISELIN, *Biagio Marini* cit., p. 2.

frate predicatore Giacinto Bondioli, servì per un certo tempo come priore nel convento di S. Domenico a Venezia. Un ruolo politico-amministrativo quello rivestito in seno al potente ordine domenicano che sembra effettivamente sconfessare l'appartenenza a un *milieu* sociale modesto.[27] Malauguratamente null'altro trapela dell'infanzia di Marini. Particolarmente lacunose risultano ai nostri occhi le modalità dell'apprendistato professionale. Nella famiglia di Biagio la pratica musicale non doveva tuttavia essere avvertita come qualche cosa di totalmente estraneo. I semi di tali attività si possono forse addirittura far risalire al trisnonno del musicista, quel tal Agostino Marini ricordato in varie polizze d'estimo come maestro di grammatica, professione che all'epoca non era del tutto esente da competenze musicali. Certamente Giacinto Bondioli, lo zio materno di Marini di cui si è già detto, fu musicista e compositore prolifico: almeno otto opere a stampa stando al frontespizio della raccolta di mottetti del 1627.[28] Una sua composizione strumentale trova tra l'altro spazio, segno evidente di stima e rispetto per lo zio, anche negli *Affetti musicali* di Marini.[29] E sulla possibilità che proprio il Bondioli possa essere stato il primo precettore di Biagio si è ampiamente discusso. Un'ipotesi che appare tuttavia poco credibile se si accetta il 1596 come anno di nascita dello zio di Marini.[30] Di due anni più giovane del nipote non si vede come questi sarebbe potuto esserne stato il maestro. Ma va altresì detto che sulla data di nascita di Giacinto

---

27. Originario di Quinzano, piccolo centro del bresciano, Bondioli svolse la propria carriera religiosa essenzialmente tra Venezia e Brescia; cfr. Eleanor SELFRIDGE-FIELD, *Bondioli, Giacinto*, in *The New Grove Dictionary of Music and Musicians* cit., vol. III, p. 853.

28. Giacinto BONDIOLI, *Psalmi tum alterno tum continuo choro canendi cum basso ad organum* [...] *Opus octavum*, Venezia, Stampa del Gardano, appresso Bartolomeo Magni, 1627. Di lui ci sono note oggi solo altre due stampe, entrambe edite nel 1622: ID., *Salmi intieri brevemente concertati* [...] *Opera quarta*, Venezia, Stampa del Gardano, appresso Bartolomeo Magni, 1622 – ID., *Soavi fiori* [...] *Opera quinta*, Venezia, Bartolomeo Magni, 1622.

29. «La Hiacintina canzon. A 2 violino ò cornetto è trombone. Del molto R.P.F. Giacinto Bondioli zio del autore»; Biagio MARINI, *Affetti musicali* cit. Tra le opere dello zio di Marini va poi ricordato – indice di una qualche notorietà goduta all'epoca – anche un mottetto inserito in una raccolta antologica degli anni Venti del Seicento: Leonardo SIMONETTI, *Ghirlanda sacra scielta da diversi eccellentissimi compositori de varij motetti a voce sola*, Venezia, Stampa del Gardano, 1625. Il libro (che conobbe anche una seconda edizione nel 1636) è costituito, a conferma dello *status* del musicista, da lavori di autori tra i più accreditati del tempo. Spiccano tra tutti Monteverdi, Grandi, Rovetta, Cavalli, Priuli e Finetti. La letteratura dedicata al Bondioli non è particolarmente ricca, il suo nome è per lo più citato in funzione della biografia del ben più celebre nipote. Relativamente di recente è comunque apparso un breve saggio che offre uno sguardo d'insieme sull'opera a stampa del musicista lombardo; cfr. Thomas D. DUNN, *Lo zio oscuro: the Music of Giacinto Bondioli*, in *Barocco padano 5*, atti del XIII Convegno internazionale sulla musica italiana nei secoli XVII-XVIII (Brescia, 18-20 luglio 2005), a cura di Alberto Colzani, Andrea Luppi e Maurizio Padoan, Como, Antiquae Musicae Italicae Studiosi, 2008, pp. 197-234.

30. Cfr. Andrea VALENTINI, *I musicisti bresciani ed il Teatro Grande*, Brescia, Queriniana, 1894, pp. 33-34 – Giovanni BIGNAMI, *Enciclopedia dei musicisti bresciani*, Brescia, Fondazione Civiltà Bresciana, 1985, p. 53 – cfr. Eleanor SELFRIDGE-FIELD, *Bondioli, Giacinto* cit., p. 853.

Bondioli permangono non pochi dubbi. Paolo Guerrini – conoscitore di personalità e fatti bresciani – anticipa difatti l'evento al 1569. Evidentemente, venticinque anni di differenza non rappresenterebbero più un ostacolo per un possibile rapporto maestro-allievo tra i due musicisti.[31] Se poco o nulla trapela sul periodo dell'educazione professionale di Marini, noti sono invece i termini in cui si compirono i primi studi musicali di suo zio, sicuramente allievo del compositore Giovanni Maria Piccioni.[32] E magari proprio nel precettore del Bondioli anche Biagio potrebbe aver trovato una prima figura guida.[33] Naturalmente in mancanza della benché minima prova documentaria tutto ciò resta confinato al campo delle mere congetture. Andrebbe poi comunque osservato che eventuali ascendenze su Marini non sembrano essere suffragate dal ben che minimo riscontro stilistico tra la produzione del violinista bresciano e quella dei suoi due supposti maestri.[34] In un quadro della situazione così confuso non resta altro che aggrapparsi alla magra consolazione che la formazione di Marini debba essersi compiuta nell'ambito del fervido ambiente musicale bresciano del tardo Rinascimento. Non meno difficoltoso risulta poi definirne il percorso dell'apprendistato strumentale, aspetto certamente non secondario al fine di una più precisa definizione della carriera artistica di Biagio. Così, la presenza a Brescia del celebre virtuoso Giovanni Battista Fontana negli anni che coincidono più o meno con la giovinezza di Marini ha reso

---

31. Paolo GUERRINI, *Giuseppe Nember. Uomini illustri di Quinzano d'Oglio – Note bio-bibliografiche*, in «Memorie storiche della diocesi di Brescia», vol. V, 1934, p. 110. Allo stato attuale non è tuttavia risultato possibile verificare le osservazioni del Guerrini. Va inoltre segnalato che in questo suo medesimo saggio è altresì menzionato un tal sacerdote Giovanni Bondioli, anche lui originario di Quinzano. Di certo appartenente al medesimo gruppo famigliare di Giacinto, Giovanni è probabilmente all'origine dell'equivoco relativo all'anno di nascita dello zio di Marini. Secondo quanto asserito dallo studioso bresciano, Giovanni Bondioli doveva essere nato nel 1598, una data che effettivamente potrebbe far sorgere qualche sospetto in tal direzione; *ibid.*, p. 115.
32. È lo stesso musicista a darne notizia nella lettera dedicatoria della prima delle sue due pubblicazioni del 1622; Giacinto BONDIOLI, *Salmi intieri* cit.
33. Cfr. Daniele TORELLI, *«Sopra le tenebre del mio povero inchiostro»: Biagio Marini e la musica sacra* cit., p. 152. Un'attività didattica e professionale quella esercitata dal Piccioni che stando alle parole di Giacinto Bondioli si era svolta non solamente nell'ambito provinciale di Quinzano ma anche nei maggiori centri veneti: «è stato musico di S. Marco di Venetia, maestro nella istessa professione del Seminario di Brescia per quattro anni, duo del nobilissimo collegio di signori convitori di Padoa, e di tant'altri luoghi con perpetua sua gloria e beneficio di tanti eccellenti musici che per l'Italia ha allevati, e ammaestrati», Giacinto BONDIOLI, *Salmi intieri* cit.; cfr. Oscar MISCHIATI, *Bibliografia delle opere dei musicisti bresciani pubblicate a stampa dal 1497 al 1740. Opere di singoli autori*, a cura di Mariella Sala e Ernesto Meli, Firenze, Olschki, 1992, vol. I, n. 70, p. 165.
34. Di Piccioni oggi si dà per certa una sola raccolta di musica sacra: *Vespri intieri a quattro voci*, Venezia, Vincenti, 1596. Allo stato attuale manca tuttavia un dettagliato studio bibliografico sull'opera del musicista, spesso confuso – come osserva il Torelli – con Giovanni Piccioni, compositore ed organista attivo a Gubbio e a Orvieto; cfr. Daniele TORELLI, *«Sopra le tenebre del mio povero inchiostro»: Biagio Marini e la musica sacra* cit., p. 153, nota 16.

difficile sottrarsi alla tentazione di tracciare qualche *liaison* tra i due violinisti.[35] Ma come osserva acutamente Michael Talbot a proposito di possibili vincoli artistico-didattici tra un vecchio Legrenzi e un giovanissimo Vivaldi, troppo spesso la compresenza in un medesimo luogo di due personalità di rilievo ha indotto a supporre che tra loro dovesse necessariamente sussistere un rapporto maestro-allievo, «come se il genio fosse regolato» da una sorta di «successione apostolica».[36] D'altronde, anche volendo proseguire a tutti i costi su questa strada, eventuali contatti tra Fontana e Marini non si sarebbero comunque potuti protrarre oltre l'inizio del 1608, se non addirittura – e più verosimilmente – qualche tempo prima di quella data. In un momento quindi in cui Biagio poteva avere avuto al massimo tredici/quattordici anni, se non addirittura solamente undici/dodici o forse ancora meno. Il dato si evince dalla prefazione di una celebre raccolta di Cesario Gussago, opera dedicata allo stesso Fontana e a Lodovico Cornale «dal cornetto», altro virtuoso della locale scuola strumentale.[37] Difatti, nella lettera dedicatoria il presunto precettore di Marini è indicato assente da Brescia almeno dal 1608, anno di pubblicazione del libro.[38] Nondimeno, se si volessero considerare anche

---

35. Cfr. Ottavio BERETTA, *Biagio Marini. Per ogni sorte di strumento musicale* cit., p. XI, nota n. 9. Ma anche il più recente Daniele TORELLI, «*Sopra le tenebre del mio povero inchiostro»: Biagio Marini e la musica sacra* cit., p. 151. Della vita di Fontana si conosce in realtà assai poco. La principale fonte d'informazione rimane la prefazione della sua unica raccolta a stampa, libro edito da Giovanni Battista Reghino più di dieci anni dopo la morte dell'autore. Nella dedica della raccolta il compianto Fontana è ricordato come tra i «più singolari virtuosi, c'habbia havuto l'età sua, nel toccare di violino: e bene s'è fatto conoscer tale non solo nella sua patria; mà & in Venetia, & in Roma, e finalmente in Padova, dove qual moribondo cigno spiegò più meravigliosa la soavità della sua armonia. Questo virtuoso, che nella voracità del contagio fù trasportato dalla terra al paradiso, conoscendo forsi d'haver avuto il principio della sua meritata fortuna in questa nostra chiesa delle Gratie, nel morire lasciò la medesima herede di quelle facoltà, che co' suoi honorati sudori s'haveva acquistato, & raccomandò à superiori del monasterio quelle fatiche, che lasciate in iscritto potevano, date alle stampe, farlo risorgere alla cognitione de musici con avvantaggio loro, & eternarlo cosi nel mondo, come eternamente goderà nel cielo. Haveriamo con prontezza gli superiori pasati essequita la mente del testatore; mà perche gli scritti pativano qualche difficoltà, e per la calamità de tempi andati non si poteva havere persona, che intelligente della professione, gli mettesse nel chiaro, che richiedeva il bisogno per consegnarli allo stampatore, s'è differito, fino, che deposta la carica del generalato dal reverendissimo padre maestro Antonio Luzzari, & eletto al governo di questo monasterio, mi disse subito, che per ogni modo, io, che tengo la cura di maestro di capella dovessi ritrovare, chi cio facesse; perche non voleva, che restassero più sepolti questi tesori, nel sig. Gio: Batista privo della dovuta lode»; Giovanni Battista FONTANA, *Sonate a 1. 2. 3. per il violino, o cornetto, fagotto, chitarone, violoncino o simile altro istromento*, Venezia, Bartolomeo Magni, 1641; cfr. Oscar MISCHIATI, *Bibliografia delle opere dei musicisti bresciani* cit., vol. I, n. 120, pp. 265-268. Per altri aspetti della vita di Fontana si veda Rodolfo BARONCINI, *Giovan Battista Fontana «dal violino»: nuove acquisizioni biografiche?*, in «Recercare», 1990, II, pp. 213-224.
36. Cfr. Michael TALBOT, *Vivaldi*, London, J.M. Dent & Sons, 1978, traduzione italiana di Augusto Comba, *Vivaldi*, Torino, E.D.T, 1978, p. 43.
37. Cesario GUSSAGO, *Sonate a quattro, sei, et otto, con alcuni concerti à otto, con le sue sinfonie da suonarsi avanti, & doppo secondo il placito, & commodo de sonatori*, Venezia, Ricciardo Amadino, 1608.

i tempi di edizione, all'epoca di certo non brevissimi, è più che probabile che Fontana avesse lasciato la città natale in un momento non poi così prossimo a quello dell'uscita di questo medesimo lavoro di Gussago.[39] In altri termini, l'ipotesi che Marini fosse stato allievo di Fontana non solo si scontra con dati oggettivi, ma ha anche l'indubbio difetto di confinare a singole personalità un ambiente musicale estremamente ricco e stimolante quale fu certamente quello della Brescia a cavallo tra XVI e XVII secolo. In particolar modo poi per quanto riguarda ambiti specificamente legati al violino. È infatti noto come la cittadina lombarda avesse svolto sin dalla metà del Cinquecento un ruolo decisivo non solo per lo sviluppo degli strumenti della famiglia delle *viole da braccio* (si pensi alle botteghe di Gasparo da Salò prima e di Giovanni Paolo Maggini poi) ma come avesse anche contribuito alla definizione di una pratica strumentale di primissimo livello. Ne sono riprova da un lato la ricca documentazione che attesta in città un esteso impiego del violino sin dalla prima metà del XVI secolo,[40] dall'altro il numero estremamente importante di raccolte strumentali pubblicate da autori bresciani (o da musicisti lì attivi) negli anni che vanno dall'ultimo quarto del Cinquecento ai primi dieci/quindici del Seicento.[41]

38. «Alli eccellent.[issi]^mi virtuosi li signori D. Lodovico Cornale dal cornetto, & Gio: Battista Fontana dal violino. Sogliono tutte le cose naturalmente ridursi in fine dell'esser suo alla sua principal causa, il perche considerando io virtuosissimi signori che queste mie sonate quali elle si siano hanno à nome, & à petition sua avuto principio, hò anco parimente pensato [...] indrizzarle à loro, come à sua principal causa, essendo sicuro che uscendo sotto il nome de così eccellenti virtuosi, come collocate in mezo di duoi fortissimi campioni non potranno esser danneggiate dalle mordenti lingue di mal dicenti; conoscendo pur ancora che maggior splendore gli renderanno loro [...] essendo particolarmente l'uno in Roma in quell'alma anzi unica città dove più ch'in ogn'altra s'attende all'arte musica incitando gl'altrui animi ad'opre virtuose, e sante con il suo divinissimo suonare [...] & l'altro in Venezia città ancor lei serenissima & vaga molto di tal'arte rendendosi ivi famoso, [...] Di Venetia il dì 8. di Novembre. 1608»; *ibid.*; cfr. Oscar MISCHIATI, *Bibliografia delle opere dei musicisti bresciani* cit., vol. I, n. 165, pp. 353-354.
39. In ossequio ai due virtuosi, le prime due sonate del libro s'intitolano rispettivamente *La Cornara* e *La Fontana*. L'undicesimo brano della raccolta, la sonata *La Marina*, reca un titolo che non può non richiamare la nostra attenzione. Resta naturalmente problematico capire se si tratti di un omaggio a un precoce e talentuoso strumentista o se l'analogia con il patronimico di Biagio debba essere imputata a una semplice coincidenza. Se in questa sonata di Gussago si volesse tuttavia necessariamente leggere il segno lasciato dalle prime *performances* pubbliche di un giovanissimo Biagio Marini, si potrebbe allora inquadrarne il debutto della carriera professionale nell'ambito alla basilica di S. Maria delle Grazie di Brescia, là dove si era consumata nei primissimi anni del Seicento la collaborazione artistica tra Gussago, Fontana e il Cornale.
40. Cfr. Rodolfo BARONCINI, *Origini del violino e prassi strumentale in Padania: «sonadori di violini» bresciani attivi a Venezia in ambito devozionale (1540-1600)*, in *Liuteria e musica strumentale a Brescia tra Cinque e Seicento*, atti del convegno omonimo (Brescia-Salò, 5-7 ottobre 1990), a cura di Marco Bizzarini, Bernardo Falconi e Ugo Ravasio, Brescia, Fondazione civiltà bresciana, 1992, vol. I, pp. 157-219.
41. Sull'argomento si veda Dietrich KÄMPER, *Studien zur instrumentalen Ensemblemusik des 16. Jahrhunderts in Italien*, in «Analecta Musicologica», Veröffentlichungen der Musikgeschichtlichen Abteilung des Deutschen Historischen Instituts in Rom, vol. 10, Köln - Wien, Böhlau, 1970, traduzione italiana a cura

Malauguratamente le prime notizie certe sulla vita e le attività professionali di Marini risalgono solo ai primi mesi del 1615, quando fu ufficialmente inserito nel novero dei salariati della basilica di S. Marco a Venezia. L'arrivo del musicista bresciano nella *Serenissima* deve essere inserito in quell'ampio contesto di cambiamenti promossi da Monteverdi all'indomani della sua elezione a direttore della cappella marciana.[42] Anche se non vengono precisati nel dettaglio i termini dell'ingaggio, Marini venne di certo assunto in qualità di strumentista, presumibilmente come violinista.[43] Non però come prima parte visto che in quegli anni tale ruolo era – e lo sarebbe ancora restato – prerogativa di Francesco Bonfante.[44] La pubblicazione in rapidissima successione degli *Affetti musicali* op. I e dei *Madrigali et symfonie* op. II potrebbe allora suggerire il tentativo di Marini di accreditarsi come musicista polivalente. Magari in vista del conferimento dell'allettante incarico di vice-maestro di cappella della basilica marciana, ruolo che Marc'Antonio Negri avrebbe ufficialmente lasciato vacante di lì a pochissimo.[45] Il fatto che i *Madrigali et symfonie* non contemplino musiche a uso liturgico (o devozionale) non deve essere necessariamente letto come un ostacolo a quest'ipotesi. Altri musicisti attivi in S. Marco in quel medesimo momento avevano dimostrato una particolare attenzione per il repertorio vocale profano.[46] *In primis* il vice-maestro di cappella Negri,[47] ma

---

di Lorenzo Bianconi, *La musica strumentale nel Rinascimento. Studi sulla musica strumentale d'assieme in Italia nel XVI secolo*, Torino, ERI, 1975, pp. 235-241.

42. Monteverdi prese servizio il 10 ottobre del 1613. Nel dicembre dell'anno seguente vennero assunti sedici strumentisti, un incremento dell'organico della cappella senza dubbio sostenuto dal nuovo direttore; cfr. Paolo FABBRI, *Monteverdi*, Torino, E.D.T., 1985, pp. 182-183.

43. Il contratto fu stipulato il 25 o il 26 aprile: «*che Biagio Marini sia accettato nel n.*[umer]*o da Musici salariadi per venir in chiesa di S. M*[ar]*co con salario di s*[cu]*di quindici all'anno et con l'istesse cond*[izio]*n*[i] *et oblig*[atio]*n*[i] *con li quali furno eletti li altri musici sonadori*»; Venezia, Archivio di Stato, Procuratoria de Supra, Basilica di S. Marco, Terminazioni, Registro, 1614-1620, n. 141, fol. 17; cfr. Willene B. CLARK, *The Vocal Music of Biagio Marini* cit., p. 7.

44. Assoldato ufficialmente come primo violino pochi mesi prima di Marini, Bonfante era sicuramente stato attivo nella basilica di S. Marco sin dai primissimi anni del secolo. Nel 1617, a seguito della morte di Giovanni Bassano, Bonfante fu promosso direttore dell'*ensemble* strumentale della cappella; cfr. Eleanor SELFRIDGE-FIELD, *Venetian Instrumental Music from Gabrieli to Vivaldi*, Oxford, Basil Blackwell, 1975, traduzione italiana a cura di Franco Salvatorelli, *La musica strumentale a Venezia da Gabrieli a Vivaldi*, Torino, Eri, 1980, p. 278. Oltre a Bonfante almeno tre/quattro strumentisti erano all'epoca impiegati come violinisti in S. Marco: Giovanni Battista Rovetta (poi divenuto maestro di cappella nel 1644), Giovanni Battista Fabris, Antonio Zanotta e probabilmente anche un tal Pietro Furlan; *ibid.*, pp. 278-279.

45. Negri mantenne l'incarico di vice maestro di cappella dal 1612 al 1619. Malauguratamente non sono noti i motivi che indussero il musicista a rassegnare le proprie dimissioni; *ibid.*, p. 272.

46. Cfr. Roark MILLER, *The Composers of San Marco and Santo Stefano and the Development of Venetian Monody (to 1630)*, Ph.D. Dissertation, University of Michigan, 1993, p. 16.

47. Marc'Antonio NEGRI, *Affetti amorosi*, Venezia, Stampa del Gardano, 1608 – ID., *Affetti amorosi* […] *Libro secondo*, Venezia, Ricciardo Amadino, 1611.

anche lo stesso Monteverdi.[48] Una certa trascuratezza editoriale dell'op. II di Marini potrebbe allora essere letta come frutto della fretta con la quale il libro sembra essere stato lanciato sul mercato, magari proprio per le ragioni appena annunciate.[49] Del resto anche la scelta del formato *in quarto* di pagina, rispetto al più oneroso *in folio* degli *Affetti musicali*, potrebbe testimoniare la volontà di pubblicare il libro in tempi brevissimi pur d'arricchire un *curriculum* ancora relativamente modesto. Da qui l'intenzione di presentare una raccolta piuttosto variegata in cui si alternano componimenti in stile recitativo, brani strofici, madrigali con o senza strumenti obbligati, *canzoni da suonar* (in differenti formati strumentali), sinfonie e danze di vario genere. Qualsiasi fossero state le aspettative del musicista bresciano, alla fine del 1620 venne eletto vice maestro di cappella Alessandro Grandi.[50] A onor del vero bisogna dire che in quel preciso momento Marini aveva già rinunciato al proprio impiego in S. Marco da qualche mese.[51] Ma non è del tutto inverosimile pensare che ancor prima di conoscere ufficialmente il nome del sostituito di Negri, fosse ormai ai più noto chi l'avrebbe rimpiazzato. Tanto più che una tale decisione dovette essere stata presa se non dal solo Monteverdi, certamente con il suo consenso.[52] È pertanto probabile che un Marini disilluso dalla possibilità di migliorare la propria posizione in seno alla cappella avesse preferito allontanarsi da Venezia prima di conoscere ulteriori amarezze. Comunque fossero andate le cose – ma in un qualche modo a conferma di quanto appena indicato – il ritorno nella città natale non si tradusse di certo in opportunità particolarmente accattivanti. Difatti la permanenza a Brescia non durò che pochissimi mesi dato che all'inizio dell'anno successivo è già documentabile l'arrivo di Marini a Parma. Nella cittadina emiliana il musicista si era assicurato un doppio incarico alla corte dei Farnese e nella chiesa di S.

---

48. Com'è noto, il sesto e il settimo libro di madrigali di Monteverdi furono pubblicati negli anni immediatamente successivi alla nomina a direttore della cappella marciana; Claudio MONTEVERDI, *Il sesto libro de madrigali*, Venezia, Ricciardo Amadino, 1614 – ID., *Concerto. Settimo libro de madrigali*, Venezia, Stampa del Gardano, 1619. La produzione sacra del maestro cremonese di quel medesimo periodo è invece testimoniata solo da brani editi in raccolte antologiche; cfr. Paolo FABBRI, *Monteverdi* cit., pp. 402-404.

49. Oltre ai più abituali refusi editoriali si segnalano difatti anche molte incongruenze nella numerazione delle pagine nonché nella titolazione dei brani.

50. L'elezione di Grandi risale al novembre del 1620; cfr. Eleanor SELFRIDGE-FIELD, *Venetian Instrumental Music* (ed. it.) cit., p. 272.

51. Il dato è deducibile dalla lettera dedicatoria della terza pubblicazione di Marini. Il libro è infatti firmato dall'autore il 25 agosto del 1620 a titolo di maestro di cappella della chiesa di S. Eufemia a Brescia; Biagio MARINI, *Arie, madrigali et corenti* cit.

52. Lo confermerebbero le parole dello stesso Monteverdi in un carteggio tenuto con Alessandro Striggio in quei medesimi mesi: «in capella non si acetta cantore che prima non piglino il parere del maestro di capella, né vogliono altra relazione di cause de' cantori che quella del maestro di capella, né accettano né organisti, né vicemaestro, se non hanno il parere e la relazione da esso maestro di capella»; cfr. Éva LAX, *Claudio Monteverdi. Lettere*, Firenze, Olschki, 1994, p. 93, documento n. 49 (lettera del 13 marzo 1620).

Maria della Steccata.[53] Da rivelare che la duplicità delle funzioni, affatto eccezionale se si considera la storia delle due cappelle parmensi (non di rado composte dagli stessi cantori e strumentisti), non riguarda unicamente i luoghi ma anche le mansioni. Marini era infatti lì impiegato non solo come strumentista ma anche come cantante.[54] Un ruolo quest'ultimo che non stride affatto con il prosieguo della carriera del musicista che vent'anni più tardi sarà assunto per la seconda volta nella basilica di S. Marco proprio in qualità di strumentista e cantore.[55] Nonostante una situazione apparentemente di tutto rispetto, Marini non dovette essere stato particolarmente soddisfatto dello *status* professionale raggiunto a Parma perché a poco più di due anni dal suo arrivo in città decise di andarsene.[56] È quindi intorno all'aprile del 1623 che si deve collocare il suo primo viaggio in Germania, momento che coincide poi con l'arrivo alla corte del duca di Neuburg ma anche con una nuova fase della carriera artistica del musicista.[57]

---

53. Documento n. 1: «1621 a di 30 genn.[ai]o Il s.[igno]r Biaggio Marini bresciano è stato accetato al serv.[izi]o di S.[ua] A.[ltezza] S.[erenissima] per musico con provig.[io]ne di scudi quattro da lire sette soldi sei l'uno ogni mese da pagarseli in fine d'ogni mese»; Parma, Archivio di Stato, Ruoli dei Provvisionati, vol. XIII, c. 79r; cfr. Willene B. CLARK, *The Vocal Music of Biagio Marini*, p. 10. Documento n. 2: «Biaggio Marini bressiano musico accettato da S.[ua]A.[ltezza] S.[erenissima] et anco accettato nell' numero delli musici dell'oratorio della Ma.[donn]a Sant.[issi]ma della Stecata di Parma»; Parma, Archivio di Stato, fondo *Comune*, busta 2076; citato in Aurelio BIANCO/Emilie CORSWAREM/Philippe VENDRIX, *Gilles Hayne, Biagio Marini et le duc de Neuburg* cit., p. 378.

54. «P[er] la congregazione di esso oratorio [la Steccata] come per registro di Lorenzo Scipione suo cancelliere si obliga et promette servire a S.[ua]A.[ltezza] S.[erenissima] sempre che comandava, et anco servire nella musica in cantare et con quelli instrumenti sonare de quali fà professione alla Sant.[issi]m.ª Mad.[onn]a predita come fanno gli altri musici, e dove et quando gli comandarano gli presidenti di d.[ett]o oratorio, et mastri di capella e servan gli ordini di altra musica, al qual Marini S.[ua]A.[ltezza] S.[erenissima] gli fara pagare p[er] provigione scudi quattro da [illeggibile: sette soldi?] 6 cis.[cun]o ogni mese, et gli farà dare la parte che li s'era dichiarata dal cav.[lie]r Danella et in oltre come dalla detta accettazione rogata p[er] il d.[et]to cancelliere gli sarano pagati altri scudi quattro simili dalli agenti di d.[et]to Oratorio il mese per sua provigione da pagarselli nel modo et tempi si pagano gli altri musici, et per fede di d.[et]to obligo questa sarà firmata con la sottoscrittione di propria mano d'esso Marini questo di 30. genaio, 1621, in Parma»; *ibid.*

55. «Adì detto [gennaio] 1651 [*more veneto*]. Hanno con la p[rese]nte termina[tione] condoto in capela di S. Marco il cav[aliere] Biasio Marini in obligo di dover cantar, et sonar in tutte l'occorrenze ordinarie, et straord[inarie] cha saranno necessarie»; Venezia, Archivio di Stato, *Notarile Atti*, busta 75, processo 174, fascicolo 3, p. 84r; cfr. Roark MILLER, *Divorce, dismissal, but no disgrace: Biagio Marini' career revisited* cit., p. 8. A conferma di questo meno conosciuto aspetto della carriera di Marini, Leonardo Cozzando (erudito e conoscitore di fatti e personalità della città di Brescia) ricorda in un opuscoletto edito quasi un cinquantennio dopo la morte del musicista che quest'ultimo doveva essere dotato di un'eccellente voce: «Biagio Marini sonò eccellentemente bene di vari strumenti, ma in quello del violino, che fù quasi sua professione, riuscì molto raro, e singolare [...] Soave era anco nel canto solo senza alcun strumento, ma riusciva alquanto melanconico»; Leonardo COZZANDO, *Libraria bresciana*, Brescia, Giovanni Maria Rizzardi, 1694, ed. anast., Bologna, Forni, 1974, pp. 58-59.

56. Nell'ultimo documento che ne attesta la presenza nel centro emiliano viene laconicamente indicato – forse segno di qualche dissapore – che il musicista se n'era «andato dal servitio»; Parma, Archivio di Stato, Ruoli dei Provvisionati, vol. XIII, c. 79r; cfr. Dora ISELIN, *Biagio Marini* cit., p. 3.

Tra le pubblicazioni apparse in questi primissimi anni di attività professionale, i *Madrigali et symfonie* rappresentano al pari dei ben più celebrati *Affetti musicali* la raccolta di Marini che merita maggiore attenzione o che comunque sia mostra al meglio le capacità e la versatilità dell'autore. Gli altri libri editi in quel medesimo periodo si configurano in effetti come lavori dalle minori pretese musicali o più semplicemente per essere delle pubblicazione a carattere meno composito. L'op. V è difatti costituita da brevi e semplici brani strofici a una o due voci con rudimentali ritornelli per violino e basso continuo.[58] Un po' più interessante risulta invero l'op. VI, sebbene si articoli quasi interamente in un unico componimento in stile recitativo.[59] In maggiore linea con i *Madrigali et symfonie* potrebbe apparire l'op. III, ma va tuttavia rilevato che rispetto alla sua precedente pubblicazione il compositore bresciano sembra qui segnare un passo indietro per quanto riguarda i 'mezzi' musicali impiegati.[60] Poco si può dire invece della quarta raccolta a stampa del compositore bresciano perché il libro fa parte dei lavori di Marini oggi perduti.[61]

---

57. Sulla base di alcuni documenti di difficile datazione Willene B. Clark ipotizza un primo fugace passaggio di Marini a Neuburg tra la fine del 1619 e l'inizio del 1620, in un momento dunque che ne precede di poco l'arrivo a Parma. Durante questa brevissima presenza in Germania Marini avrebbe definito i termini dell'ingaggio alla corte del duca Wolfgang Wilhelm; cfr. Willene B. CLARK, *The Vocal Music of Biagio Marini* cit., p. 13. Più verosimilmente, Marini concluse dall'Italia le trattative per il conferimento del nuovo incarico poco prima o poco dopo aver rinunciato ai propri impegni nel centro emiliano. Non si spiegherebbe altrimenti per quale motivo si sarebbe trattenuto a Parma quasi due anni e mezzo pur essendosi di già assicurato il ben più prestigioso e remunerativo ruolo di *Konzertmeister* alla corte del duca di Neuburg; cfr. Aurelio BIANCO/Emilie CORSWAREM/Philippe VENDRIX, *Gilles Hayne, Biagio Marini et le duc de Neuburg* cit., pp. 378-379.
58. Biagio MARINI, *Scherzi e canzonette*, Parma, Anteo Viotti, 1622.
59. ID., *Le lagrime d'Erminia*, Parma, Anteo Viotti, 1623.
60. ID., *Arie, madrigali et corenti* cit.
61. L'opera IV dovette comunque essere stata essenzialmente costituita da brani vocali. Il dato sembra trovare conferma nelle parole di Giuseppe Ottavio Pitoni che a proposito del Marini (e del suo soggiorno nella cittadina emiliana) asserisce che questi fu «musico e sonatore di violino del serenissimo duca di Parma; stampò l'ordine 4° delle musiche a 1, 2, 3, 4, 5 e 6 in Venezia per il Gardano l'anno 1622»; Giuseppe Ottavio PITONI, *Notitia de' contrapuntisti e compositori di musica* (1725 c.), edizione moderna a cura di Cesarino Ruini, Firenze, Olschki, 1988, p. 232. Non vi è dubbio che le indicazioni del Pitoni facciano allusione a questa perduta raccolta di Marini di cui evidentemente dovette averne visto una copia. Il titolo da lui riportato sembra effettivamente alludere a una silloge vocale piuttosto che strumentale. Si tratterebbe così di un ulteriore elemento di conferma della particolate propensione di Marini a pubblicare componimenti di questo genere.

Committenze

«Madrigali et symfonie a una 2. 3. 4. 5. [voci] di Biagio Marini […] Al molto illustre sig. Gioseppe Tedoldo Catani. Mastro delle poste per la Maestà Sacra del Rè di Boemia», così è presentata al pubblico l'op. II del musicista bresciano. E proprio l'identità del dedicatario della raccolta ha alimentato non pochi dubbi e frustrazioni per la critica moderna. In effetti, fino a oggi su tale figura era stato possibile formulare solo deboli supposizioni perché i dati biografici in nostro possesso si limitavano unicamente alle scarse informazioni deducibili dal frontespizio della raccolta stessa. In mancanza del benché minimo riscontro risultava pertanto difficile chiarire in quali circostanze fossero maturate le ragioni dell'omaggio. Nondimeno appariva ragionevole pensare che Marini avesse avuto l'occasione di conoscere il Catani di persona o comunque sia di poter essere entrato in contatto con lui in un qualche momento che aveva preceduto la pubblicazione del libro. Il riferimento alle attività svolte dall'intestatario della raccolta per conto della corte di Praga ha altresì incoraggiato l'idea di possibili relazioni tra il musicista italiano e l'*entourage* boemo, magari in vista di una sua *tournée* a Nord delle Alpi se non addirittura in funzione – considerati i futuri sviluppi della carriera professionale del Marini stesso – del suo arrivo a Neuburg.[62] È invece quasi certo che Marini abbia stabilito un primo contatto con il centro tedesco attraverso l'intermediazione del musicista veronese Giacomo Neri. All'epoca maestro di cappella alla corte del duca Wolfgang Wilhelm, Neri era tornato nella Penisola nella primavera del 1620 espressamente per reclutare musicisti italiani.[63] Del resto l'ipotesi di un qualche coinvolgimento di Marini con la corte di Praga – oltre a non trovar alcun effettivo riscontro di tipo documentario – stride non poco con la situazione politica vissuta in Europa centrale all'inizio del Seicento. Si ricorda brevemente che qualche mese prima della pubblicazione dei *Madrigali et symfonie*, l'imperatore Mattia aveva rinunciato al titolo di Re di Boemia in favore del cugino Ferdinando.[64] Si trattava del primo passo per assicurare all'arciduca di Stiria la successione alla corona imperiale. Peraltro alla fine del 1617 il vecchio e stanco Mattia aveva abbandonato Praga, trasferendo definitivamente la corte imperiale a Vienna. Di certo in quel momento gli interessi del suo successore non si trovavano nell'*ex* capitale del Sacro Romano Impero ma se mai tra Graz e Vienna. D'altra parte a Praga le spinte autonomiste e antiasburgiche si facevano sempre più

---

62. Cfr. Rebecca S. CYPESS, *Biagio Marini and the Meanings of Violin Music in the Early Seicento* cit., pp. 124-126.
63. Cfr. Willene B. CLARK, *The Vocal Music of Biagio Marini* cit., p. 28. Non sfugga in tal senso che Giacomo Neri è figlio del Marc'Antonio Negri conosciuto senz'altro da Marini durante il soggiorno veneziano del 1615-20, cosa che difficilmente può essere spiegata come una semplice coincidenza.
64. L'elezione del nuovo sovrano risale al 15 luglio del 1617.

manifeste.[65] Sottomessa a un governo fantoccio e sprovvista della benché minima delegazione straniera, la città era oramai sull'orlo della rivolta.[66] Sicuramente non si trattava del frangente più propizio per cercarvi fortuna, né tanto meno per stendere eventuali contatti e amicizie nella cerchia del nuovo e contestato sovrano boemo.

Il tentativo di mettere in relazione il musicista lombardo al Catani ha sofferto, oltre che di tali presupposti, di una certa varietà formale che una simile onomastica è in grado di generare. Tuttavia proprio una delle varianti del cognome ha potuto attirare l'attenzione su un versante assai convincente e finora del tutto inesplorato. L'opera seconda di Biagio Marini risulta verosimilmente offerta a Giovanni Giuseppe Tedoldo Cattanei, esponente di una famiglia bergamasca in stretta collaborazione con quella dei Tasso.[67] Questi ultimi, com'è noto, da oltre un secolo dominavano il sistema di spedizioni nell'intero panorama europeo.[68] Tale organizzazione si articolava in una complessa ed efficiente rete affidata a una piramide di esperti agenti territoriali, spesso reclutati fra i più importanti rappresentanti dell'aristocrazia lombarda. Proprio come una certa Lucina Cattanea de Tassis, l'amministratrice generale delle poste milanesi nei primi anni del Seicento, il cui cognome nonché i di lei requisiti professionali permettono di agganciare facilmente il nostro Catani al gruppo familiare situato al vertice del sistema postale del tempo.[69] Riguardo al patronimico Tedoldo, primo cognome del Catani, appaiono poi ancora più evidenti le aderenze con la biografia del musico che non casualmente affianca agli *Affetti* della propria opera prima due componimenti poetici a firma «dell'illustre

---

65. Cfr. Henri SACCHI, *La Guerre de Trente Ans*, nuova edizione rivista e corretta, Paris, L'Harmattan, 2003, vol. 1, pp. 251-252.
66. I famosi fatti della seconda 'defenestrazione di Praga' con cui si suole dare avvio alla Guerra dei Trent'anni si svolsero il 23 maggio del 1618.
67. I due cognomi (Tedoldo – Cattanei) sono assai diffusi nella Lombardia orientale a partire dal tardo Rinascimento. La maggiore concentrazione dei Tedoldi si registra oggi a Brescia, mentre la provincia di Bergamo è seconda solo a quella di Milano per l'incidenza dei Cattaneo (dati rilevati attraverso il motore di ricerca www.gens.info).
68. Originari di Cornello in Val Brembana, i Tasso svolsero durante il Rinascimento un ruolo di primissimo piano nella gestione delle comunicazioni fra i regni europei. Il gruppo famigliare si conquistò poco a poco l'appalto dei servizi di corriere per il Sacro Romano Impero, diventandone l'autorità assoluta e guadagnando ranghi sempre più elevati fino ad acquisire lo *status* principesco. Il loro cognome si modificò nel tempo da Tasso/Tassi a Tassis, sino ad assumere l'attuale forma di Thurn und Taxis. Uno dei numerosi rami della casata si estinse con il poeta Torquato. Tra le innovazioni che migliorarono rapidamente i loro servigi si segnalano la diligenza o la nave per il trasporto di persone, merci e lettere, nonché l'istituzione di stazioni di posta per il cambio dei cavalli o il ristoro dei passeggeri. Sulla parabola tassiana nello sviluppo della rete postale europea; cfr. *I Tasso mastri di posta*, a cura di Vittorio Mora, Milano, Gutenberg, 1982 – *I Tasso e le poste d'Europa*, atti del I Convegno internazionale (Cornello dei Tasso, 1-3 giugno 2012), a cura di Tarcisio Bottani, Bergamo, Corponove, 2012.
69. Cfr. Georghios PLUMIDIS, *L'organizzazione postale tassiana vista da Venezia. Ricerche presso l'Archivio di Stato di Venezia*, in *I Tasso e le poste d'Europa* cit., pp. 49-50.

Signor Augustino Tedoldo».[70] In sintesi, il dedicatario dei *Madrigali et symfonie* svolgeva il ruolo di agente per il regno di Boemia, mansione che rientrava nell'appalto concesso al bergamasco Giovanni Battista Paar da Ferdinando Tasso, a sua volta insignito nel 1594 del prestigioso titolo di generale delle poste dall'imperatore Rodolfo II.[71] Giuseppe Cattanei/Catani ebbe la nomina imperiale nel 1610, assumendo l'ufficio del padre Ventura in collaborazione con suo fratello Leopoldo. Una causa legale nel 1622 ci conferma che in quel momento era ancora procuratore del Paar. La morte dovette coglierlo nel luglio 1624, poiché quattro mesi dopo Leopoldo presentò una supplica al senato veneziano per occupare il posto dell'oramai defunto fratello. Tale circostanza ci permette di affermare che l'incarico di mastri di posta imperiali venne gestito dai Tedoldo a Venezia per oltre cinquant'anni.[72] Nel breve intervallo temporale che separa le uscite delle prime due stampe di Marini, il cognome Tedoldo passa dunque dall'essere semplicemente citato in chiusura degli *Affetti musicali* al più appariscente frontespizio dell'op. II. Sebbene non sia stato ancora possibile stabilire l'effettiva relazione parentale tra l'Agostino menzionato nell'op. I e il Giuseppe dei *Madrigali et symfonie*, questa situazione può essere letta come l'indizio di un probabile rafforzamento delle relazioni fra il musico e la famiglia dei funzionari, se non addirittura un più manifesto segno di devozione per il conseguimento di favori ottenuti o auspicati. L'identificazione di queste personalità legate ai primi anni della carriera di Biagio Marini può pertanto offrire nuovi spunti di riflessione riguardo la biografia del musicista stesso. Si può anzitutto immaginare che tale famiglia possa averne in qualche modo agevolato il trasferimento a Venezia o quantomeno procurato appoggio o garanzie a Marini in occasione del suo

---

70. Si tratta del madrigale *Queste note soavi, e questi accenti* e del sonetto *Nato d'honor à i gloriosi pegni*, entrambi posti nelle ultime carte del libro, immediatamente prima della tavola dei brani; Biagio MARINI, *Affetti musicali*, cit.; se ne riporta qui di seguito la trascrizione integrale. Componimento poetico n. 1: «Se al toccar dolce tuo di cetra il suono | A tuoi si dolci accenti, | Rendi stuppidi, i cuor e in abandono | L'alme lassi Marin quasi cadenti | E ben' ragion che tutt'il mondo ammiri | et per te parli, e spiri | Memoria eterna Illustre altera fama | che d'indi à piú alt'honor t'invita, è chiama» – Componimento poetico n. 2: «Nato d'honor à gloriosi pegni | Marin ben sembri tú stuppor del Mondo | Che tosto il compor tuo dolce, è giocondo | Fara di te suonar province, è Regni | Ma agionta à i Gionti ancor l'opra tua degni | Honor, da quegl'haura si che fecondo | Di gloria il nome tuo il mar secondo | Solcata lieto à i desiati segni | Ahi conforme non son al gran desire | Le forze mie anzi per tanta impresa | Mancar mi sento l'animo & l'ardire. | Ma ben te stesso quei non sol col dire |Inalzarà, ch'in tal Famiglia è scesa | Gratia da farti in ogni parte udire».
71. Cfr. Bonaventura FOPPOLO, *La parabola del ramo veneziano dei Tasso da Cornello a Venezia*, in *I Tasso e le poste d'Europa* cit., pp. 27-30 e in particolare alla p. 30.
72. Occorre specificare che a partire dal 1574 – e dunque prim'ancora di ottenere la nomina imperiale – l'incarico di Ventura si svolse privatamente per conto del Paar che solo in un secondo momento poté affiliarsi ai Tasso. Ringraziamo Bonaventura Foppolo per queste preziose informazioni, oggi conservate nell'Archivio di Stato di Venezia, Provv. Ai Confini, Busta 305 e Compagnia dei Corrieri Veneti, indice 105, b. III, 7, s.d. ma 1662, f. 163r-164v.

primo soggiorno in laguna. Viste le origini bergamasche dei Tedoldo, acquista altresì peso l'idea che Biagio possa avere svolto nella cittadibna lombarda qualche mansione prima dell'assunzione nella basilica marciana. Ipotesi che certo non stride con dati più sicuri della sua biografia. Si ricorda che il musicista presentava proprio in quegli anni un'istanza di separazione nei confronti di una donna residente a Bergamo.[73] Si trattava di una tal Pace Bonelli con la quale Marini era evidentemente convolato a nozze qualche anno addietro, quasi certamente (considerato il luogo di adempimento della pratica di separazione) proprio a Bergamo.[74] Qualsiasi fossero stati i reali interessi di Marini nella cittadina lombarda intorno agli anni Dieci del Seicento, richieste di questo tipo non si facevano all'epoca a cuor leggero. La pratica di divorzio sembra così in un qualche modo confermare l'appartenenza a un ceto abbiente, tale almeno da poter perorare e sostenere cause di questo genere. In ultimo, ma non secondariamente, si potrebbe aggiungere che la dedica di un'opera giovanile a una personalità di certo inserita in una rete di relazioni più che autorevoli e incaricata di gestire da Venezia una macchina così importante, contribuisce ad affermare l'idea che Marini fosse particolarmente attento a promuovere la propria immagine di strumentista e compositore; delle capacità che ben si manifestano sin dalla prima opera a stampa del violinista bresciano, dove attraverso tutta una serie di omaggi musicali Marini sembra volere assecondare committenze di vario genere e di differente stato sociale in un arco geografico che tocca tutti i più importanti centri veneti.[75]

Altri importanti elementi sulla vita, le attività e i contatti tessuti dal musicista bresciano in questa prima fase della carriera professionale trovano nuovamente

---

73. A seguito di una domanda d'annullamento di matrimonio, il 18 febbraio del 1617 Marini dava credito a un prete affinché questi lo rappresentasse a Bergamo in presenza del vescovo; cfr. Roark MILLER, *Divorce, dismissal, but no disgrace: Biagio Marini's career revisited* cit., pp. 14-15.

74. *Performances* pubbliche di Marini a Bergamo sono tuttavia documentabili solo nella primavera del 1632 quando fu assoldato a titolo straordinario per delle esecuzioni nel duomo; Biblioteca Comunale di Bergamo, Archivio Capitolare, Armadio VI/10, busta 574, cfr. Eleanor SELFRIDGE-FIELD, *Venetian Instrumental Music* (ed. it.) cit., p. 150. Una sua successiva e altrettanto fugace apparizione nel centro lombardo si colloca verso la fine del 1648. A seguito del licenziamento di Giovanni Battista Crivelli, Marini si era presentato al concorso indetto per l'assegnazione del prestigioso ruolo di direttore della cappella della basilica di S. Maria Maggiore. Le prove da lui svolte non dovettero però essere state particolarmente efficaci perché su un totale di sette candidati Marini si classificò solo quinto; Bergamo, Biblioteca A. Mai, Terminazioni 1643-1649, MIA 1282, fol. 398r; cfr. Maurizio PADOAN, *Un modello esemplare di mediazione nell'Italia del Nord: S. Maria Maggiore a Bergamo negli anni 1630-1657*, in «Rivista internazionale di musica sacra», XI, 2, 1990, p. 129. L'insuccesso di Marini appare ancora più eclatante perché a esclusione del vincitore, il fiorentino Filippo Vitali, gli altri concorrenti non si segnalano di certo per essere musicisti di primissimo rango: Carlo Calzarezio, Antonio Cavazza, Giulio Mattioli, Pietro Pelli e Eugenio Picchi.

75. Cfr. Franco PIPERNO, *Biagio Marini. Affetti musicali* cit., pp. XIII-XXV.

riscontro nel frontespizio dei *Madrigali et symfonie* op. II. Qui infatti l'autore si qualifica non solo a titolo di «musico della Serenissima Signoria di Venetia» ma anche «fra gli Agitati l'Accademico Risonante». Com'è noto queste istituzioni svolsero un ruolo tutt'altro che secondario nell'ambito dei processi di definizione e di promozione artistica dell'epoca. Malauguratamente nessuna notizia traspare sull'accademia degli *Agitati* menzionata nel libro, associazione culturale che certamente non può essere confusa con omonime istituzioni di periodo più tardo.[76] Nessun ulteriore accenno a questo sodalizio è rintracciabile nelle successive pubblicazioni del musicista così come nei documenti d'archivio, né esiste alcuna altra citazione dello pseudonimo di «Risonante» con cui Marini volle presentarsi al pubblico nel 1618. Che Biagio fosse interessato a promuovere la propria immagine in rappresentanze culturali di questo genere è tuttavia confermato dal fatto che una volta tornato a Brescia sentì la necessità di affiliarsi alla locale *Accademia degli Erranti*, istituzione al cui fondatore Marini aveva verosimilmente dedicato proprio uno dei brani strumentali dei *Madrigali et symfonie*.[77] Si ricorda che in tutto il Veneto fiorirono durante il Rinascimento numerose associazioni che contemplavano la scienza musicale fra le materie di elezione, come l'Accademia della Fama o Veneziana, i Costanti e gli Olimpici di Vicenza, i Desiosi di Conegliano, gli Elevati di Padova, i Novelli e Filarmonici di Verona. E proprio ad alcune di queste medesime istituzioni furono consacrate importanti raccolte di madrigali o di musiche di vario genere. Il loro ruolo fu determinante per il consolidamento di un pensiero teorico musicale e per lo scambio di informazioni fra gli intellettuali; certo non si potrà nemmeno ignorare una qualche attitudine mecenatesca in grado di tenere vivo il sistema di produzione editoriale del tempo.[78] Non si può pertanto escludere che in seno alla *Serenissima*, dove fra Cinque e Seicento il numero delle accademie era aumentato in modo esponenziale, abbiano potuto formarsi sodalizi meno controllati dalle istituzioni e/o poco portati all'ufficializzazione.[79] E proprio a quest'ultima categoria

---

76. Le sette accademie degli *Agitati* riportate dal Maylender furono infatti attive in epoche e aree geografiche del tutto incompatibili con un eventuale coinvolgimento del compositore bresciano; cfr. Michele MAYLENDER, *Storia delle Accademie d'Italia*, vol. 1, Bologna, Cappelli, 1926-1930. Va tuttavia aggiunto che Amedeo Quondam ne annovera quattro in più a tale titolo e nota come il regesto del Maylender tenda a escludere le accademie di stampo artistico; cfr. Amedeo QUONDAM, *L'Accademia*, in *Letteratura italiana*, a cura di Alberto Asor Rosa, Torino, Einaudi, 1982, vol. 1, *Il letterato e le istituzioni*, pp. 823-898, in particolare p. 858, nota 1.
77. Si veda la tavola I, p. 34.
78. Cfr. Gino BENZONI, *Le accademie,* in *Storia della cultura veneta*, diretta da Girolamo Arnaldi e Manlio Pastore Stocchi, Vicenza, Neri Pozza, 1976-1986, vol. IV/1, *Il Seicento*, pp. 131-162.
79. Dalle ventiquattro accademie sorte a Venezia nel XVI secolo si giunse a sessantatre in quello successivo. Non fu invece altrettanto significativo l'indice di sviluppo nella città natale di Marini, dove da cinque si passò ad appena sei. Questi dati sono riportati nel catalogo topografico del saggio di Amedeo

potrebbero appartenere le sedute animate dagli editori Giovanni Maria e Tommaso Giunti, i dedicatarii degli *Affetti musicali* op. I di Marini.[80] Di certo i Giunti avevano svolto una funzione niente affatto marginale per quanto riguarda la promozione d'iniziative musicali (e letterarie) nella Venezia a cavallo tra XVI e XVII secolo.[81] Il dato è confermato da un'attività della durata di oltre un trentennio – di per sé già segno di interessi che vanno ben al di là di mode o situazioni contingenti – ma anche dal non trascurabile primato di aver loro due insieme cumulato il più elevato numero d'omaggi musicali a stampa mai attribuito in ambiente veneziano:[82] oltre al caso di Marini si contano anche raccolte di Giovanni Croce,[83] Bartolomeo Barbarino[84] e di Martino Pesenti.[85] Così per la particolare natura di questo ritrovo di *cittadini*, dove intonazione di versi e una vivacissima pratica musicale davano vita a sodalizi culturali di vario genere, nulla ci vieta di sospettare che fra i dilettevoli ozi dei Giunti si celasse proprio quell'*Accademia degli Agitati* vagheggiata dal Marini. Cerchia che – al di là di un suo possibile riconoscimento con gli *Agitati* – fu sicuramente frequentata dal musicista bresciano e per quanto priva dei requisiti per un suo riconoscimento sociale, non fu meno dinamica di più 'ufficiali' compagini del patriziato di area veneziana.

Ulteriori correlazioni o semplici spunti di contatto tra i *Madrigali et symfonie* e il mecenatismo locale ci sono in ultimo offerti dalle dodici composizioni con cui si chiude il libro. In maniera del tutto analoga a quanto si era già verificato negli *Affetti musicali*, tutti i brani strumentali dell'op. II di Marini sono accompagnati da titoli-omaggio con manifesto riferimento a esponenti dell'aristocrazia veneta o a colleghi musicisti. Si tratta invero di una più che radicata consuetudine dei compositori attivi in area padana

---

Quondam, *L'Accademia* cit. Il Battagia ci informa che negli anni interessati dalle prime pubblicazioni mariniane si registrò un buon incremento delle accademie: «Benavventurato fu l'anno 1618 per le accademie nostre» o ancora «Se arrise l'anno 1618 alle accademie veneziane, non fu loro meno favorevole il 1620»; cfr. Michele Battagia, *Delle accademie veneziane*, Venezia, Orlandelli, 1826, p. 34.

80. Nella prefazione degli *Affetti* si legge che alcune composizioni della raccolta «hebbero l'onore d'essere sentite à suonarsi in casa pure delle Signorie VV. M. Illlustri [i Giunti]» nei «giudiziosi concerti delle loro ricreazioni»; Biagio Marini, *Affetti musicali*, cit. Sulle attività editoriali e commerciali dei due Giunti si veda Paolo Camerini, *Annali dei Giunti*, Firenze, Sansoni, 1962-1963, voll. II, pp. 309 e seguenti.

81. Sul ritrovo di artisti e intellettuali patrocinato dai Giunti; cfr. Rebecca S. Cypess, *Instrumental Music and 'Conversazione' in Early Seicento Venice: Biagio Marini's 'Affetti musicali' (1617)*, in «Music and Letters», 93, 4, 2012, pp. 453-78.

82. Cfr. Rodolfo Baroncini, *Giovanni Gabrieli*, Palermo, L'Epos, 2012, p. 61.

83. Giovanni Croce, *Il secondo libro de' madrigali a cinque voci*, Venezia, Giacomo Vincenti, 1592; dedicato ai due fratelli Giunti.

84. Bartolomeo Barbarino, *Madrigali a tre voci da cantarsi nel chitarrone o clavicembalo […] con alcuni madrigali da cantar solo*, Venezia, Ricciardo Amadino, 1617; dedicato ai due fratelli Giunti.

85. Martino Pesenti, *Il primo libro de' madrigali a due, tre et quattro voci con il basso continuo*, Venezia, Alessandro Vincenti, 1621; dedicato al solo Giovanni Maria.

tra XVI e XVII secolo, in particolar modo poi per quanto riguarda quelli di origine bresciana.[86] Il fenomeno è stato ben indagato da Franco Piperno a proposito dell'op. I di Marini stesso, libro in cui appare efficacemente sfruttata dal violinista bresciano l'occasione d'accreditarsi il più ampio ventaglio possibile di protezioni. I riferimenti alle famiglie patrizie sono effettivamente tali da andare ben al di là di quelle unicamente residenti a Venezia, quasi a voler coprire tutto il comprensorio della *Terraferma*.[87] Rispetto a quest'ultima situazione, i *Madrigali et symfonie* sembrano tuttavia testimoniare l'intenzione di voler saldare 'amicizie' più con propri colleghi o uomini di lettere che non (o solo) nell'ambito del patronato veneto. Come se Marini fosse in quel preciso momento oramai interessato a guadagnarsi il consenso e il rispetto di musicisti e intellettuali che non ricercare più tradizionali forme di protezione.[88] Si propongono nella tavola n. I possibili spiegazioni dei titoli-dedica della raccolta, ma va naturalmente ribadito – visti i frequentissimi casi di omonimia e/o di citazione non del tutto letterale dei patronimici – che ogni ipotesi deve essere presa con il beneficio d'inventario.[89] Si tenga in ultimo presente che titoli di questo genere possono anche celare differenti e meno dirette forme di ossequio musicale. Così, ad esempio, Giovanni Battista Riccio rende omaggio al collega Alessandro Grandi con una *pièce* strumentale intitolata a una famiglia patrizia veneziana: «All'ill.[ustrissimo] sig.[nore] Alessandro Grandi, canzon in ecco la Moceniga».[90] Una situazione quest'ultima che per quanto non frequentissima

---

86. Sull'argomento cfr. Claudio SARTORI, *Une pratique des musiciens lombards (1582–1639) : l'hommage des chansons instrumentales aux familles d'une ville*, in *La musique instrumentale de la Renaissance*, a cura di Jean Jacquot, Paris, Éditions du Centre National de la Recherche Scientifique, 1955, pp. 305-312 – Marina TOFFETTI, «Et per che il mondo non entri in sospetto di adulazione»: titoli e dedicatorie *delle canzoni strumentali sullo sfondo dell'ambiente musicale milanese fra Cinque e Seicento*, in *Ruggero Giovannelli «Musico eccellentissimo e forse il primo del suo tempo»*, atti del convegno internazionale di studi (Palestrina-Velletri, 12-14 giugno 1992), a cura di Carmela Bongiovanni e Giancarlo Rostirolla, Palestrina, Fondazione Giovanni Pierluigi da Palestrina – Provincia di Roma – Comune di Velletri, 1998, pp. 601-636.
87. Cfr. Franco PIPERNO, *Biagio Marini. Affetti musicali* cit., pp. XIII-XXV.
88. Negli *Affetti musicali* si può unicamente citare come esempio di brano dedicato a un musicista il caso del *Monteverde, balletto alemano*, oltre alla già menzionata canzona dello zio del musicista che però non è componimento del Marini.
89. Il musicista adotterà per l'ultima volta omaggi di questo genere nella sua terza raccolta. Il ventaglio delle titolazioni rimanda in questo caso essenzialmente all'ambiente bresciano, cosa che peraltro ben corrisponde a questo particolare momento delle attività professionali di Marini: *La Martinenga corente à 3* (Martinengo, famiglia patrizia veneta essenzialmente legata alla città di Brescia), *La Avogradina corente à 3* (Avogadro, famiglia patrizia bresciana), *La Capriola* (Caprioli, famiglia patrizia bresciana), *La Chizola gagliarda à 3* (Giovanni Ghizzolo, organista e compositore bresciano attivo anche a Novara. Oppure la famiglia patrizia bresciana dei Ghizzola) ed in ultimo *Il Priulino balletto & corente a 3* (Giovanni Priuli, compositore e organista. Fu attivo in S. Marco come sostituto di Giovanni Gabrieli ma anche alla corte di Graz e di Vienna. Il titolo potrebbe però anche essere associato al potente casato veneziano dei Priuli); Biagio MARINI, *Arie, madrigali et corenti* cit.
90. Giovanni Battista RICCIO, *Il terzo libro delle divine lodi musicali*, Venezia, Stampa del Gardano, appresso Bartolomeo Magni, 1620.

dovrebbe comunque far riflettere sulla possibilità di poter stabilire effettive relazioni tra committenze e musicisti attraverso simili titolazioni.[91]

Tavola I

La Rizza, canzon a 4	Giovanni Battista Riccio[92]
La Cominciola, symfonia e balletto a 3	Comincioli, famiglia di antica cittadinanza veneziana[93]
La Finetta, symfonia a 3	Giacomo Finetti[94]
La Philippi, symfonia e balletto a 3[95]	Gaspare Filippi[96]
La Bombarda, canzon a 2	Domizio/Dionisio Bombarda[97]

---

91. Da notare che la citata dedica al Grandi appare solo all'interno dei fascicoli e mai nella più appariscente tavola dei brani, dove è più laconicamente indicato *Canzon la Moceniga*. Dato che allo stato attuale non vi sono ragioni per poter ipotizzare un rapporto professionale tra questo gruppo gentilizio e il Grandi, risulta difficile dare un reale senso alla duplicità del titolo; cfr. *ibidem*. Per quanto concerne invece i dati riguardanti i gruppi nobiliari veneti presi qui in esame, questi sono principalmente desunti dal *Dizionario Biografico degli italiani* cit. Altre informazioni sono riscontrabili in Leonardo COZZANDO, *Libraria bresciana* cit. – Gaetano COZZI, *Il doge Nicolò Contarini. Ricerche sul patriziato veneziano agli inizi del Seicento*, Roma-Venezia, Istituto per la collaborazione culturale, 1958 – Pompeo MOLMENTI, *La storia di Venezia nella vita privata*, Bergamo, Istituto italiano delle arti grafiche, ⁷1927-1929 – Ottavio Rossi, *Elogi historici di bresciani illustri*, Brescia, Fontana, 1620 – Franco PIPERNO, *Biagio Marini. Affetti musicali* cit., pp. XIII-XXV.
92. Organista nella Scuola di S. Giovanni Evangelista a Venezia a partire dal 1609, fu anche violinista. Una sonata *La Rizza* si trova in una raccolta di Cesario Gussago, mentre è lo stesso Riccio a auto-omaggiarsi con una canzona dal titolo analogo; Cesario GUSSAGO, *Sonate a quattro, sei, et otto, con alcuni concerti à otto, con le sue sinfonie da suonarsi avanti, & doppo secondo il placito, & commodo de sonatori* cit. – Giovanni Battista RICCIO, *Il terzo libro delle divine lodi musicali* cit.
93. Immediatamente dopo il ceto nobiliare si posizionava a Venezia la classe sociale dei così detti cittadini originari. In questo gruppo sociale (che includeva anche nobili esclusi per differenti ragione al diritto di patriziato) si reclutavano i segretari di Stato e i segretari del Consiglio dei dieci. Più in generale, si trattava del ceto medio/alto cittadino le cui professioni potevano spaziare dall'avvocatura, al notariato alle più differenti attività commerciali; cfr. Andrea DA MOSTO, *L'archivio di Stato di Venezia - Archivi dell'amministrazione centrale della Repubblica veneta e archivi notarili*, Roma, Biblioteca d'Arte Editrice, 1937, vol. I, p. 73. Il patronimico dei Comincioli è tuttavia molto comune anche nel bresciano. A titolo di esempio si segnalano a questo nome degli stampatori attivi a Salò lungo tutto il corso del XVII secolo.
94. Maestro di cappella nella chiesa francescana di S. Maria Gloriosa dei Frari dal 1615, ricevette successivamente lo stesso incarico presso la Ca' Grande. Anche altri autori di area veneziana gli dedicano brani vocali e strumentali. Tra questi ultimi se ne ricorda uno dello zio di Marini: «Canzona La Finetta»; Giacinto BONDIOLI, *Soavi fiori* cit.
95. Nel libro parte del *Canto primo*: «La Grimani».
96. Svolse essenzialmente la propria carriera tra le fila di cappella della basilica di Vicenza, istituzione musicale di cui divenne direttore nel 1634. Combinazione vuole che alla morte Marini ne ereditasse il ruolo di maestro di cappella. Restano tuttavia dei dubbi sul fatto che tra i due musicisti fosse intercorso il ben che minimo rapporto professionale negli anni che precedono la pubblicazione dei *Madrigali et symfonie*.
97. Poeta bresciano d'impronta marinista, è oggi noto soprattutto per aver scritto la dedica del *Teatro delle glorie della Sig. Adriana Basile*, Venezia, Evangelista Deuchino, 1623. Si segnala tra i suoi componimenti un

La Rossa, gagliarda a 3	Ottavio Rossi[98]
La Malipiera, symfonia a 2	Malipiero, antica famiglia patrizia veneziana[99]
La Grilla, symfonia a 2	Giovanni Battista Grillo[100]
Il Grimani, symfonia e *balletto a 3*	Grimani, antica famiglia patrizia veneziana[101]
La Scistina, corrente a 3	Personalità e/o gruppo famigliare non meglio identificati
La Roccha, gagliarda a 2	Rocca, famiglia di antica cittadinanza veneziana
Il Seccho, balletto e corrente a 2	Secco, antica famiglia patrizia bresciano-bergamasca[102]

A conclusione di questi aspetti d'ordine generale, si può spendere qualche parola sulla fortuna e sulla longevità dei *Madrigali et symfonie*. A più di cinquant'anni dall'uscita, l'op. II di Marini è infatti ancora citata a scopo pubblicitario in un catalogo musicale edito dal Vincenti.[103] Il libro ricompare inoltre – cosa evidentemente molto più rilevante ai nostri occhi – anche in un elenco di Federico Franzini, libraio di area romana

---

sonetto-omaggio al musicista Enrico Radesca, poemetto inserito in una raccolta di musica sacra edita in quegli stessi anni; Enrico RADESCA, *Messe, et motetti* [...] *Libro primo*, Venezia, Alessandro Vincenti, 1620.

98. Fondatore dell'*Accademia degli Erranti* di Brescia. A quella medesima istituzione culturale fu affiliato lo stesso Marini. La notizia è deducibile dal frontespizio della sua terza raccolta: «Maestro di cappella in Santa Eufemia, & capo della musica degli signori Accademici Erranti in Brescia»; Biagio MARINI, *Arie, madrigali et corenti* cit. I Rossi sono però anche famiglia patrizia veneziana.

99. Uno dei pochi gruppi gentilizi veneziani che non appare nei titoli-omaggio degli *Affetti musicali*.

100. Attivo nella Scuola di S. Rocco sin dal primo decennio del XVII secolo, ne divenne organista titolare nel 1613. Fu anche impiegato come terzo e primo organo in S. Marco tra il 1615 e il 1622. Assai debole appare invece l'ipotesi che il dedicatario della sinfonia debba essere identificato con il poeta Angelo Grillo; cfr. Rebecca S. CYPESS, *Instrumental Music and 'Conversazione' in Early Seicento Venice: Biagio Marini's 'Affetti musicali' (1617)* cit., p. 475. Una canzona di Giovanni Ghizzolo, una di Gregorio Zucchini e una corrente di Martino Pesenti dai titoli del tutto similari al brano di Marini si trovano in loro pubblicazioni; Giovanni GHIZZOLO, *Messa, salmi, letanie B. V., falsi bordoni et Gloria Patri*, Venezia, Alessandro Vincenti, 1619 – Gregorio ZUCCHINI, *Promptuarium harmonicum*, Venezia, Alessandro Vincenti, 1616 – Martino PESENTI, *Il primo libro delle correnti alla francese*, Venezia, Alessandro Vincenti, 1635 (ristampa). In ultimo, anche la canzona *La Grileta* del veneziano Giovanni Battista Riccio può essere messa in relazione a Giovanni Battista Grillo; Giovanni Battista RICCIO, *Il terzo libro delle divine lodi musicali* cit.

101. Uno dei pochi gruppi gentilizi veneziani che non appare nei titoli-omaggio degli *Affetti musicali*.

102. Due *pièces* strumentali dal titolo identico, «Canzon La Secca», possono essere verosimilmente riferibili a quel medesimo casato. Nel primo caso si tratta di un componimento del milanese Agostino Soderini, nel secondo di un brano del bresciano Costanzo Antegnati, edito però in una raccolta antologica di area tedesca; Agostino SODERINI, *Canzoni a 4 & 8 voci*, Milano, Simon Tini e Filippo Lomazzo, 1608 – Johann WOLTZ, *Nova musices organicae tabulaura*, Basel, Johann Jacob Genath, 1617. Si ricorda inoltre che il dedicatario di una raccolta del bresciano Antonio Mortaro è un tal Teodosio Secco; Antonio MORTARO, *Il secondo libro delle fiammelle amorose*, Venezia, Ricciardo Amadino, 1590. I Secco sono tuttavia anche famiglia di antica cittadinanza veneziana.

103. «Madrigali Sinfonie a 2. 3. 4. Biassio Marini Opera seconda», in *Indice di tutte le opere di musica che si trovano nella stampa della Pigna*, Venezia, Alessandro Vincenti, 1662, p. 7; cfr. Oscar MISCHIATI, *Indici, cataloghi e avvisi degli editori e librai musicali italiani dal 1591 al 1798*, Firenze, Olschki, 1984, X: 128, p. 217.

attivo verso l'ultimo quarto del Seicento.[104] Per quanto sia eccessivo ipotizzare in quest'ultimo caso un interesse per la musica di Marini che non fosse andato al di là d'apprezzamenti dal sapore prettamente antiquario – difficile immaginare che brani vocali e strumentali del compositore bresciano potessero essere ancora eseguiti nella Roma di Stradella, Corelli e Pasquini – il dato sembra comunque suggerire che i *Madrigali et symfonie* avessero goduto a suo tempo di una discreta tiratura e di un'altrettanto buona diffusione, quantomeno negli ambiti di per sé certo non ristretti della penisola italiana.

---

104. «Madrigali, balletti e sinfonie 1. 2. 3. 4.», in *Indice de libri di musica della libreria di Federico Franzini*, Roma, Mascardi, 1676, c. 275r; *ibid.*, XII: 207, p. 255.

Anomimo italiano del XVII secolo, *Vista di Venezia a volo d'uccello*, olio su tela,
Versailles, Châteaux de Versailles et de Trianon.
© RMN-Grand Palais (Château de Versailles) / Jean Popovitch

Idem, dettaglio della Piazza S. Marco. Sulla destra il palazzo ducale e la basilica, luogo di lavoro di Marini al momento della pubblicazione dei suoi *Madrigali et symfonie*.
© Château de Versailles, Dist. RMN-Grand Palais / Christophe Fouin

3. CONTENUTO DELLA RACCOLTA

❖ *Musica vocale*

Aprono i *Madrigali et symfonie* di Biagio Marini tredici componimenti vocali di diverso genere la cui disposizione appare – sin da una prima lettura – pensata secondo un ordine manifestamente studiato. L'aspetto più evidente ed esteriore riguarda il formato, che presenta i *Madrigali* a partire da un tessuto più scarno per arrivare a quelli articolati in più voci. Così, l'incremento di massa sonora va da quattro brani monodici a due a cinque voci (l'ultimo dei quali comprende anche una coppia di violini), passando attraverso quattro componimenti a due parti, quindi tre a quattro, più il continuo. L'intervento degli strumenti ad arco fra le pagine madrigalistiche è assai limitato, poiché si compie unicamente in un breve ritornello alternato al canto nello strofico *Non te'n fuggir* e in un altrettanto relativamente breve passaggio di *Chi quella bella bocca*, il di già citato brano con cui si chiude la sezione vocale del libro. La seguente tabella riassume gli organici dispiegati, oltre indicare le forme poetiche, gli autori dei testi e gli stili musicali di volta in volta adottati.

Tavola II

Titolo	Forma poetica	Autore del testo	Organico	Forma musicale
Le carte in ch'io primier scrissi e mostrai	Sonetto	Giovanni Battista Marino	T, bc	Stile recitativo
Vezzosi augelli infra le verdi fronde	Ottava rima	Torquato Tasso	T, bc	Madrigale
Perché fuggi tra' salci	Madrigale	G.B. Marino	S, bc	Madrigale binario
Non t'en fuggir deh spira	Aria	Anonimo	S, 2Vn, Vc, bc	Aria strofica con strumenti
Perché credi o mio core	Madrigale	G.B. Marino	TT, bc	Madrigale
S'io non ti toglio un bacio	Madrigale	G.B. Marino	TT, bc	Madrigale binario
Questi languidi fiori	Madrigale	G.B. Marino	SB, bc	Madrigale binario

Deh non coglier più fiori	Dialogo	Livio Celiano (*alias* Angelo Grillo)	ST, bc	Dialogo pastorale
Misero me son morto	Madrigale	Pietro Petracci	STB, bc	Madrigale a Tenore solo/trio
O care stille hor che pietà vi scioglie	Sonetto	G.B. Marino	SSB, bc	Madrigale
Anzoletta del ciel 'Alla venetiana'	Sonetto	Maffio Venier	SST, bc	Madrigale omoritmico (solo di tenore)
Se nel sereno viso	Madrigale	Maurizio Moro	SSATB, bc	Madrigale (omoritmico)
Chi quella bella bocca	Idillio	Claudio Achillini	SSATB, 2Vn, bc	Madrigale concertato con strumenti

Se la disposizione dei brani vocali non offre particolari spunti di discussione perché riflesso di consuetudini editoriali del tempo,[105] più degna d'attenzione appare invece la varietà formale delle composizioni cantate, varietà che si rivela poi come scelta estetica di fondamento della raccolta stessa. Una situazione che non si manifesta unicamente nel più superficiale livello della compressione o della dilatazione del tessuto sonoro. È infatti evidente che il monodico *Le carte in ch'io primier scrissi e mostrai* debba necessariamente appartenere a universi musicali lontani dal polifonico – e di cinquecentesca memoria – *Se nel sereno viso* o dal concertato *Chi quella bella bocca*. Si direbbe invece che tale diversificazione sia più manifestamente ricercata e studiata là dove lo si attenderebbe di meno. Difatti, benché la maggiore copia di madrigali con medesimo organico non faccia mancare a Marini la condizione per esibire uno stesso modello di scrittura, è proprio nelle partiture affini per disposizione delle voci che notiamo l'applicarsi di una deliberata differenziazione. Invece di ribadire un certo tipo di rapporto fra tessuto musicale e forma compositiva, l'autore sembra essere interessato esattamente all'opposto. Così, il dispiego delle più variegate intonazioni prende avvio dalle qualità intrinseche della sostanza poetica: la forma (sonetto, madrigale, ottava), il soggetto narrato (*O care stille*), il contesto culturale di appartenenza (*Anzoletta del ciel*). Ed è infatti proprio nella materia poetica che risiede il concetto unificante di questi madrigali poiché essa è manifestamente dominata dalla presenza di Giovan Battista Marino, nonché in gran parte costruita su uno stesso tema narrativo: il bacio. Al momento della pubblicazione dei *Madrigali et symfonie*, questo soggetto poetico era in voga nella produzione vocale da almeno un decennio. Ne sono permeati ad esempio gli *Affetti amorosi* di Marc'Antonio Negri,[106] autore che in quegli anni (è bene rammentarlo) era, immediatamente dopo

---

105. Sull'argomento si veda Paolo FABBRI, *Monteverdi* cit., pp. 219-220.
106. Marc'Antonio NEGRI, *Affetti amorosi* [...] *Libro secondo* cit.

Monteverdi, il diretto superiore di Marini nella cappella marciana. Tra i precedenti di questo tipo si possono poi anche ricordare – in cosiderazione del notevole incremento di musiche incentrate su questa roccaforte dell'immaginario erotico – due antologie di Domenico Maria Melli, edite rispettivamente nel 1602 e nel 1609.[107] Il cuore della poesia osculatoria di quegli anni si trova nel secondo libro delle *Rime* di Giovan Battista Marino ed è a questo compendio che occorre rivolgersi per rinvenire il germe di una tendenza lunga e assai argomentata nelle pagine di musica scritta per le voci.[108] Dalla grande sezione del primo libro di Marino proviene solo uno dei madrigali adottati nell'op. II di Biagio Marini, *Perché fuggi tra' salci*, che è poi quello più spesso pronunciato fra le composizioni vocali del tempo. Tutti gli altri appartengono invece al terzo libro di rime. Marini non si sottrae dunque all'inclinazione del momento, volta a privilegiare la materia poetica del Cavalier Marino, forse non solo perché particolarmente adatta al proprio gusto ma anche per aderire a un programma estetico vivo e intenso, in grado di articolarsi lungo tutta la penisola.[109]

Il soggetto prescelto da Biagio Marini per i madrigali della sua seconda raccolta si declina in alcune delle tante accezioni cui la lirica del tempo lo soleva descrivere, spesso annunciando tali modalità sin nel titolo anteposto ai versi. A ulteriore dimostrazione di una deliberata opzione tematica, le due composizioni che delimitano la sezione vocale del libro, rispettivamente *Le carte in ch'io primier scrissi e mostrai* e *Chi quella bella bocca*, sono entrambe interessate dal contenuto che domina la raccolta. Con i versi del brano d'esordio si assiste a un primo omaggio alla poetica del Marino. Qui il soggetto 'amoroso' del sonetto è offerto da Lilla, intenta a chiedere al poeta copia della fortunata «Canzone dei baci», altro componimento dello stesso Marino che, proprio per la sua valenza di 'enciclopedia del bacio', aveva conosciuto nel volgere di pochissimi anni

---

107. Domenico Maria MELLI, *Musiche [...] composte sopra alcuni madrigali di diversi. Per cantare nel chittarrone, clavicembalo, et altri instromenti*, Venezia, Vincenti 1602; ID., *Le seconde musiche [...] nelle quali si contengono madrigali*, Venezia, Giacomo Vincenti, 1609.

108. A partire dal *bacio mordace* incluso nel settimo libro di madrigali di Monteverdi (*Eccomi pronta ai baci*), è ripercorsa in un saggio di Massimo Ossi la vicenda poetica e musicale di questo fortunato argomento della produzione vocale d'inizio Seicento; cfr. Massimo OSSI, "Pardon Me, but Your Teeth Are in My Neck": Giambattista Marino, Claudio Monteverdi, and the bacio mordace, in «The Journal of Musicology», vol. 21, 2004, n. 2, pp. 175-200. Marino mostra di ricevere il testimone da precedenti cultori come Tasso, Guarini o Rinaldi e in parte anche dall'argomentazione dei *Basia* di Giovanni Secondo (pseudonimo di Jan Everaerts, umanista olandese vissuto nella prima metà del XVI secolo). Per una trattazione di queste tematiche nella poetica di Marino si veda Francesco GUARDIANI, *Oscula mariniana*, in «Quaderni d'italianistica», vol. XVI, n. 2, autunno 1995, pp. 197-243.

109. Un indispensabile regesto (pubblicato ormai quarant'anni fa) traccia le fondamenta del repertorio delle poesie di Marino poste in musica, rilevando la grande diffusione di questo fenomeno in particolar modo nell'Italia meridionale; cfr. Roger SIMON/G. GIDROL, *Appunti sulle relazioni tra l'opera poetica di G.B. Marino e la musica del suo tempo*, in «Studi Secenteschi», XIV, 1973, pp. 81-187.

un'enorme popolarità.[110] Un abile artificio retorico permette a Marino di reclamare a sua volta dei baci veri in cambio di quelli di carta. Una simile tecnica espositiva ben si colloca in posizione d'apertura del volume di Biagio Marini. La sua stesura «in stile recitativo», annunciata prontamente da una didascalia, introduce il ricco e variegato campionario di stili vocali della raccolta stessa attraverso quello che fra questi costituiva il più aristocratico: la scrittura declamatoria. In grado come nessun'altra di garantire l'esposizione della materia poetica, questa si applica a un modello formale di assoluta autorità come quello del sonetto. La scelta di tale testo in apertura del libro riconferma vieppiù la predilezione per Giovanni Battista Marino, per le sue tematiche e la sue abilità argomentatorie. Nella composizione musicale la scrittura in stile recitativo si piega agli obblighi della misura solo nelle battute conclusive, in corrispondenza della ripetizione dell'ultimo verso, dove una breve sezione di metro ternario sfocia in una cadenza che esibisce un ampio passaggio diminuito (si veda l'esempio n. I).[111] L'ampiezza di questo brano, assai contenuta e dunque apparentemente insufficiente, in realtà non si discosta molto da quello che si nota in composizioni analoghe per forma poetica e scrittura musicale.[112] Ad ogni modo e a prescindere dalla sua brevità, la *pièce* di Marini riesce a contenere e stendere abilmente il necessario sviluppo retorico degli eventi sonori sottesi a un testo di questo genere. Va in ultimo segnalato che, in virtù del soggetto enunciato nel primo verso, diversi studiosi hanno annoverato questo componimento di Marini al 'genere' delle «lettere amorose».[113] Tuttavia – come in un qualche modo si è anticipato – tale categorizzazione non regge a un'integrale e più attenta lettura del testo poetico. Difatti non si tratta di un carteggio amoroso in senso stretto; al contrario l'argomento centrale resta indiscutibilmente ancorato alle tematiche del bacio. Curiosamente – come si avrà modo di affermare nelle pagine seguenti – l'etichetta di

---

110. Si tratta di *O baci avventurosi* dal primo volume delle *Rime* del poeta napoletano; Giovanni Battista MARINO, *Rime*, Venezia, Giovanni Battista Ciotti, 1602.

111. Sebbene integralmente notato in metro binario, risulta evidente che alle misure 34-37 de *Le carte* sia implicita una scansione ternaria del testo musicale (cfr. l'esempio musicale e il facsimile alle pp. 41 e 88).

112. Si pensi ad esempio agli otto sonetti in stile recitativo di Girolamo Frescobaldi acclusi ai suoi due libri di *Arie*; Girolamo FRESCOBALDI, *Primo libro d'arie musicali per cantarsi nel clavicembalo, e tiorba. A una, a dua* (sic)*, e a tre voci*, Firenze, Giovanni Battista Landini, 1630 – ID., *Secondo libro d'arie musicali per cantarsi nel clavicembalo, e tiorba. A una, a due e a tre voci*, Firenze, Giovanni Battista Landini, 1630.

113. Willene B. CLARK, *The Vocal Music of Biagio Marini* cit., pp. 58-59 – Paolo FABBRI, *Monteverdi* cit., pp. 222-224 – Nigel FORTUNE, *Monteverdi and the Seconda Prattica*, in *The Monteverdi Companion*, London, Faber, 1968, p. 202 – Andrea GARAVAGLIA, *Sigismondo d'India drammaturgo*, Torino, EDT, 2006, p. 102, nota 46 – Franco PIPERNO, *Marini, Biagio*, in *Dizionario Biografico degli Italiani* cit. – Massimo PRIVITERA, *«Leggete queste note». La lettera amorosa di Achillini e Claudio Monteverdi*, postfazione a Claudio ACHILLINI, *Poesie* (1632), a cura di Angelo Colombo, Roma, Edizioni di Storia e Letteratura, 2010, p. 235, nota 14. In controtendenza invece Thomas Dunn, che per primo ha obiettato tale eventualità; Thomas D. DUNN, *Biagio Marini*, in *Web Library of Seventeenth-Century Music* cit., *Introduction*, p. VI.

lettera amorosa deve essere se mai trasferita all'ultimo madrigale della raccolta, *Chi quella bella bocca*.

Es. n. I, *Le carte in ch'io primier scrissi e mostrai*, misure 32-41

Il successivo componimento vocale, *Vezzosi augelli*, risulta decisamente in controtendenza rispetto al recitativo d'esordio e – più in generale – anche rispetto alla materia poetica su cui è quasi integralmente costruita la raccolta. Si tratta in effetti di un celebre passo tratto dalla *Gerusalemme* del Tasso (canto XVI, 12). Va inoltre rilevato che nel più ampio ventaglio della musica vocale da camera d'inizio Seicento, la metrica di questo medesimo componimento poetico rende il brano di Marini alquanto inconsueto.[114] In una situazione impersonale, atemporale ed estranea all'universo erotico marinista, *Vezzosi augelli* ci parla della musica nella natura. Così collocato nel contesto, e in considerazione della sua stesura – ancora a voce sola ma in stile arioso – appare come una pagina a carattere didascalico, ormai divenuta citazione usuale dal poema più celebrato di quei giorni. Marini non a caso decide di realizzare musicalmente questo quadro nella forma di un'aria, quasi a voler mostrare fin dai primissimi brani di poter dominare i due principali ingredienti della esordiente vocalità barocca. Nella brevità di questa *pièce* si assiste solo a un minimo accenno di pittura del testo,[115] laddove invece

---

114. Fanno eccezione composizioni di più ampia scala e dall'attitudine rappresentativa, come talune musicate da Sigismondo d'India o da Claudio Monteverdi. *In primis*, naturalmente, *Il combattimento di Tancredi et Clorinda*; Claudio MONTEVERDI, *Madrigali guerrieri et amorosi* […] *Libro ottavo*, Venezia, Alessandro Vincenti, 1638. Fra questi componimenti a carattere rappresentativo occorre anche rammentare *Le lagrime d'Erminia in stile recitativo* dello stesso Marini. Realizzato su testo di Guido Casoni (ma di chiara ispirazione tassiana), il brano venne pubblicato durante il soggiorno parmense del musicista bresciano; Biagio MARINI, *Le lagrime d'Erminia* cit.

115. Lo si nota più che altro nella rappresentazione sonora del verbo «garrir», reso con una breve figura diminuita.

sembra maggiormente rivelarsi la personalità della voce solista attraverso un arioso ben variopinto nella metrica, forse per meglio contrastare il madrigale recitativo che lo precede. Qualità che si riconfermano pienamente nel brano seguente, *Perché fuggi tra' salci*, che come i due precedenti è esso stesso componimento destinato alla voce sola. Tuttavia, per quanto venga esposta anche in quest'ultimo caso una cantabilità ariosa già incontrata in *Vezzosi augelli*, l'impianto bipartito del brano preannuncia modalità formali riscontrabili solo nel prosieguo della raccolta. Un piano strutturale che non ritroviamo invece nel successivo *Non te'n fuggir*. Qui al contrario si affaccia, con l'inserto di strumenti a ritornello (due violini e *bassetto*), una tipologia di aria strofica destinata a incontrare sempre più fortuna e che costituisce nel restante catalogo mariniano il modello fondatore di un'intera sua pubblicazione, gli *Scherzi e canzonette* del 1622.[116]

Con *Perché credi o mio core* e *S'io non ti toglio un bacio* si apre la sottosezione centrale dominata dall'organico di due voci e continuo. L'adozione di una simile tipologia appare senz'altro significativa, se si considera il contenuto del Settimo libro monteverdiano che ne include una corposa serie.[117] Lo svolgimento di questi due madrigali presenta una certa affinità di carattere e disposizione, probabilmente a causa l'omogeneità timbrica delle due voci tenorili, a loro volta sostenute da versi di medesimo autore e argomento. Ben differente appare invece il tratto del madrigale *Questi languidi fiori*, dove l'immagine del fiore appassito è metafora di un amore finito. Rispetto ai pezzi di simile impianto il tessuto sonoro è qui interessato da un significativo addensamento, ottenuto con la costante sovrapposizione delle due voci e il dispiego di ritardi, tanto più enfatizzati quanto la parola-affetto è sostanziosa.

Es. n. II, *Questi languidi fiori*, misure 10-13

Nel cuore di questa scelta di madrigali, Biagio Marini colloca il dialogo *Deh non coglier più fiori*, il cui testo è composto da uno dei più autorevoli rimatori del tempo,

---

116. Biagio Marini, *Scherzi e canzonette* cit.
117. Sono otto i brani a due tenori annoverati nella raccolta; Claudio MONTEVERDI, *Concerto. Settimo libro de madrigali* cit.; sette componimenti di questo tipo sono invece presenti nel libro successivo; ID., *Madrigali guerrieri et amorosi* [...] *Libro ottavo* cit.

il genovese Angelo Grillo.[118] Gli interlocutori di questo brano sono due creature del mondo arcadico, Damone e Urania. Il loro corteggiamento si muove fra l'allegoria floreale della ninfa e l'evocazione del canto virtuoso di Lidio, il pastore antagonista. La natura semi-drammatica già insita nei pochi versi è prontamente realizzata in musica per mezzo del canto a voce sola alternato fra i due esecutori, che solo nella stanza finale giungono a sovrapporre le loro parti. Nonostante ciò, la vocalità adottata non ricorre a quel tipo di recitativo annunciato nell'esordio de *Le carte*, ma si snoda in uno stile sobrio e metricamente misurato, talvolta indugiante nel passeggio diminuito, ma più spesso declamatorio e sempre subordinato alla rappresentatività del testo. Nella sua stesura poetica questo dialogo propone una rigorosa alternanza fra gli interventi dei due amanti, ma come si è detto la conclusiva stanza del madrigale di Marini si presenta nella forma del duetto. L'artificio – che ha l'evidente scopo di assegnare una più palese funzione di chiusura alla sezione – si distende dunque su parole completamente diverse rispetto al testo originale dal quale è pertanto cassato l'ultimo dolente motto di Damone.[119] *Deh non coglier più fiori* è dunque brano che rispetta un archetipo formale assai popolare ai tempi (quello del dialogo), spesso, proprio per le sue implicazioni gestuali e per i rapporti fra la materia poetica e la sua sonorizzazione, al centro degli interessi della trattatistica specializzata.[120] Fra gli esempi più lampanti di questo genere ricordiamo l'episodio del *Pastor Fido* di Silvio e Dorinda nel Quinto libro di Monteverdi (1605)[121] e nell'Ottavo libro di Sigismondo d'India (1624),[122] dei quali però – a dire il vero – solo nel secondo emergono lunghi interventi monodici, tali da consentire un accostamento al componimento di Marini.[123]

---

118. Il poema si trova, a nome di Livio Celiano, in un'opera antologica tardo-cinquecentesca: Giovanni LICINIO (a cura di), *Rime di diversi celebri poeti dell'età nostra*, Bergamo, Comino Ventura e comp., 1587, p. 48. Monaco benedettino, Grillo presentò alle stampe dei componimenti amorosi (probabilmente scritti in gioventù) sotto questo pseudonimo. La sua restante produzione è invece pressoché interamente rivolta ad argomenti devoti, quando non si tratti poi di epistole o di saggistica letteraria. I suoi soggiorni in diverse città italiane e l'autorità di cui godette fin dalla giovinezza gli permisero di stringere amicizia con i maggiori letterati dei suoi tempi, come gli stessi Tasso o Marino che gli fanno d'altronde compagnia fra le pagine della sovracitata antologia. Per una trattazione dei rapporti fra Angelo Grillo e la musica del suo tempo rinviamo al corposo e utile saggio di Elio DURANTE/Anna MARTELLOTTI, *Don Angelo Grillo O.S.B. alias Livio Celiano, poeta per musica del secolo decimosesto*, Firenze, SPES, 1989.
119. Così si conclude il testo poetico del Grillo: «Beato te, beato | Lidio cotanto amato, | et io dolente, ahi lasso, | ch'ad amar presi un animato sasso».
120. Fra le forme esaminate da John Whenham, *Deh non coglier più fiori* appare senza dubbio ascrivibile alla tipologia del dialogo e presenta molte affinità con alcuni degli esempi riportati nella sua trattazione; cfr. John WHENHAM, *Duet and Dialogue in the Age of Monteverdi*, Studies in British Musicology, n. 7, 2 voll., Ann Arbor, UMI Research Press, 1982.
121. Claudio MONTEVERDI, *Quinto libro de madrigali a cinque voci*, Venezia, Ricciardo Amadino, 1605.
122. Sigismondo D'INDIA, *Ottavo libro dei madrigali a cinque voci*, Roma, Giovanni Battista Robletti, 1624.
123. I versi messi in musica da Monteverdi e da Sigismondo d'India sono tratti dal *Pastor Fido* di Guarini, atto IV scena 9. Tra i più conosciuti dialoghi pastorali, permette un raffronto con *Deh non coglier più*

A dispetto del precedente caso, ben poco si conosce del poeta Pietro Petracci, autore del testo di *Misero me, son morto*, il primo dei brani a tre voci della raccolta. Per quanto non sarebbe del tutto legittimo annoverarlo nella squadra dei cosiddetti marinisti, le sue rime mostrano in più aspetti la devozione alla poesia del momento.[124] Senza dubbio il Petracci fu in contatto con Angelo Grillo (come si è visto poeta rappresentato nei *Madrigali et symfonie*), nonché ebbe di certo modo di conoscere personalmente lo stesso Marini. La prima delle poesie d'encomio poste a conclusione degli *Affetti musicali* è infatti a firma di «Pietro Petrazi».[125] Si ricorda che tale 'amicizia' si era consumata nella cerchia dei fratelli Giunti. Forse una piccola conferma ad un possibile e di già vagheggiato *trait-d'union* tra l'*Accademia degli Agitati* a cui allude Marini e le riunioni patrocinate dai due ricchi editori veneziani. Rivenendo a *Misero me, son morto*, si segnala che è stato possibile attribuire la paternità del testo letterario a seguito dello spoglio di un'antologia poetica edita dal veneziano Carlo Fiamma in quei medesimi anni.[126] Il componimento in questione è incluso – accanto a rime di Giovanni Battista Marino, Gaspare Murtola, Antonio Ongaro, Cesare Rinaldi e Ascanio Pignatelli – in una sezione (*Baci dolci*) del libro a dedica di Isabella Capranica.[127] Nell'antologia del Fiamma, *Misero me, son morto* è tuttavia preceduto da un altro componimento del Petracci:

---

    fiori anche *Bel Pastor* (su testo di Rinuccini) di Monteverdi. Ma va tuttavia registrato che in quest'ultimo caso l'elemento coreutico occupa una posizione dominante rispetto alla prosodia testuale; Claudio MONTEVERDI, *Madrigali e canzonette a due e tre voci [...] Libro nono*, Venezia, Alessandro Vincenti, 1651.

124. Ben più che nella produzione di rime (peraltro prevalentemente presenti in coeve antologie), Petracci si segnala come prefatore e curatore delle più diverse raccolte edite a Venezia nel primo ventennio del Seicento: dal *Canzoniere* petrarchesco alle lettere di Angelo Grillo, con una particolare inclinazione verso il soggetto sacro e morale.

125. Il madrigale in lode di Marini fu sicuramente composto per l'occasione e perciò difficilmente spendibile in successive antologie poetiche; cfr. Rebecca S. CYPESS, *Instrumental Music and 'Conversazione' in Early Seicento Venice: Biagio Marini's 'Affetti musicali' (1617)* cit., pp. 453-478. Si dà qui trascrizione integrale del poemetto: «Queste note soavi, e questi accenti | Con si mirabil arte | Vergate in queste carte | Sono de nostri cor dolci alimenti; | E mentre intento gli odo | Gioia celeste i' godo | Ma che? Spirto divin sotto uman volto | De gli orecchi l'ambrosia hà qui raccolto».

126. Carlo FIAMMA (a cura di), *Le dependenze overo madrigali amorosi de' più illustri e celebri poeti italiani. Parte seconda [...] Del Confuso accademico ordito*, Venezia, Barezzo Barezzi, 1611, c. 56v. Il libro si qualifica come seconda parte di una precedente pubblicazione; ID., *Il gareggiamento poetico del Confuso accademico ordito. Madrigali amorosi graui, e piaceuoli ne' quali si vede il bello, il leggiadro & il vivace de i più illustri poeti d'Italia*, Venezia, Barezzo Barezzi, 1611. Quello di «Confuso» è lo pseudonimo del letterato Carlo Fiamma.

127. Il nome di questa nobile dama si incontra anche in un volume di madrigali edito da Pietro Vinci qualche tempo prima; Pietro VINCI, *Il terzo libro de madrigali a cinque voci*, Venezia, Girolamo Scotto, 1571.

> Con queste labbra colsi,
> quasi in celesti prati,
> ne le tue guance fior dolci odorati.
> Onde al mio core i favi
> qual pecchia fabbricai tanto soavi,
> ch'ebbro d'alta dolcezza
> ogni mortal piacer odia, e disprezza.

Solo ripercorrendo i versi che lo precedono nell'antologia poetica che ne sta all'origine diviene vieppiù esplicito il soggetto del nostro madrigale: il bacio che ferisce. Un tema espresso in maniera del tutto simile a quello trattato da Maurizio Moro nel suo *Sì ch'io vorrei morire*, componimento poetico messo in musica – com'è noto – da Monteverdi nel suo quarto libro di madrigali.[128] Marini dispone il discorso musicale di questi versi con le voci di canto, tenore e basso, secondo una modalità che resta unica fra questi suoi madrigali e che non sarà certo tra le più consuete nella tardiva produzione del genere. Si nota ad esempio l'assenza di tale organico nell'intero catalogo madrigalistico di Monteverdi. In effetti, questo impianto è suscettibile di una certa disparità che obbliga necessariamente a qualche costrizione contrappuntistica. Marini accoglie lo stimolo formale affidando nuovamente l'esordio alla voce sola di tenore mentre il soprano si limita, con figure intervallari tipiche delle interiezioni di questo genere, ad accennare un paio di «perché» a cornice della parte principale. Il fine retorico, rispettato anche nella reiterata pronuncia della congiunzione, è di ritardare il più possibile la soluzione del problema iniziale per poi finalmente enunciare il tema prescelto, quello del bacio (si veda l'esempio n. III). Dalla diciassettesima misura canto e basso espongono finalmente un breve passo a due mentre la voce di tenore è richiamata a partecipare al gioco musicale solo a conclusione del brano. Qui, dopo poche misure di omoritmia accordale, è proposto un breve passaggio imitativo in cui il soggetto è tracciato nella partitura attraverso un movimento dattilico discendente. La brevità di un madrigale come questo, che pare tuttavia nuovamente indice di un programma prestabilito, se da un lato ostacola ogni raffronto con le composizioni di autori coevi, permette di evidenziare in modo assai dinamico le prerogative costruttive ed estetiche del lessico mariniano. Trattandosi degli esordi di quella che sarebbe stata una lunga e frastagliata carriera, ciò potrebbe essere considerato come il desiderio di voler diffondere un proprio campionario di scrittura.

---

128. Claudio MONTEVERDI, *Il quarto libro de madrigali a cinque voci*, Venezia, Ricciardo Amadino, 1603.

Es. n. III, *Misero me, son morto*, misure 1-18

Con l'assetto di *O care stille* (a due canti e basso) Marini si avvicina gradualmente alla concezione polifonica degli ultimi due madrigali. Nel componimento sono infatti magistralmente assemblati episodi a due voci e sezioni a carattere pieno e omoritmico. A fondamento della musica è un sonetto lugubre di Marino, intento a contemplare la bellezza di una donna colta nel suo lutto più feroce, la perdita del figlio. Al clima di nobile patetismo proprio di questo brano fa eco *Anzoletta del ciel*, una canzone il cui testo evoca ancora il mondo dell'infanzia ma in un registro discorsivo del tutto opposto, fatto di parole tenere e invocazioni famigliari, intonate in una maniera alquanto *naïve*. Situazione apparentemente inconsueta, *Anzoletta del ciel* si basa su una poesia del patrizio Maffio Venier (Venezia 1550 – Roma 1586). Malauguratamente, per questo importante caposcuola della letteratura in lingua veneta risulta assai difficile compiere una ricognizione della produzione poetica, poiché i suoi lavori sono per lo più sparsi in antologie o tramandati in manoscritti.[129] Se l'impiego dell'idioma veneziano richiama, a un primo sguardo, un contesto popolaresco, una meno superficiale lettura svela tutto il suo ambito colto, semmai pseudo-popolare. Venier è infatti autore dotto anche quando disputa a suon di versi o quando indugia all'autobiografismo.[130] *Anzoletta del ciel* è tratto dal volume di *Versi alla venitiana* [...] *del signor Anzolo Inzegner, et d'altri bellissimi spiriti*.[131] Il testo è altresì presente in quattro manoscritti secenteschi.[132] Di queste rime Marini utilizza senza dubbio la versione a stampa. Il dato lo si ricava facilmente perché nelle fonti manoscritte sono presenti varianti significative. Fra queste, il verso «pura colomba bianca e molesina» è sostituito da «pura colomba de la casa Orsina». È evidente che nella versione a stampa l'autore non aveva ritenuto necessario riportare questa sorta di dedica.[133] Alcune intonazioni di rime vernacolari, prossime per tempi a Marini, come quelle di Adriano Banchieri o di Orazio Vecchi (basti citare del primo la *Barca di Venetia per Padova* e del secondo *L'Amfiparnaso*),[134] condividono con *Anzoletta del ciel* una

---

129. Alcune antologie ottocentesche hanno contribuito a perpetuarne l'opera poetica. Fra queste, quelle di Bartolommeo Gamba sono probabilmente quella degne di maggiore attenzione; Bartolommeo GAMBA, *Poeti antichi del dialetto veneziano*, Venezia, Alvisopoli, 1817 – ID., *Raccolta di poesie in dialetto veneziano*, Venezia, Cecchini, 1845. Per un indice delle composizioni del poeta veneto si veda invece Tiziana AGOSTINI NORDIO, *Rime dialettali attribuite a Maffio Venier. Primo Regesto*, in «Quaderni Veneti», 2, 1985, pp. 7-23.

130. Colta è la forma letteraria e anche la disposizione narrativa, e colta è pure la lingua perché non più dialetto: Venier (che era nipote d'altro poeta, Domenico) agiva in un contesto in cui la parlata veneziana era già assurta al rango letterario da almeno due secoli. La critica ha inoltre individuato nella sua produzione una dedizione petrarchista che ha lasciato il segno in tutta la sua carriera poetica. Non particolarmente ampi sono oggi gli studi dedicati al Venier, di cui è stata più che altro affrontata la polemica con una cortigiana poetessa; su questo specifico argomento si veda *Il libro chiuso di Maffio Venier (la tenzone con Veronica Franco)*, a cura di Manlio T. Dazzi, Venezia, Neri Pozza, 1956.

131. Angelo INGEGNERI, *Versi alla venitiana, zoe, canzon, satire, lettere amorose, matinae, canzonete in aieri moderni, & altre cose belle*, Vicenza, per il Brescia, 1613, p. 60.

132. Venezia, Biblioteca Nazionale Marciana, ital IX 173 (=6282), c. 218v e ital IX 217 /=7061), c. 7r; Paris, Bibliothèque Nationale, ital 7791, c. 18r; Roma, Biblioteca Apostolica Vaticana, Ottoboniano 1960 c. 11v.

133. Anche nell'antologia di Guido Antonio Quarti il sonetto in questione è titolato «Ad una bambina della famiglia Orsini»; Guido A. QUARTI, *Quattro secoli di vita veneziana*, vol. 1, Milano, Gualdoni, 1941, p. 112.

134. Adriano BANCHIERI, *Barca di Venetia per Padova*, Ricciardo Amadino, 1605 – Orazio VECCHI, *L'Amfiparnaso*, Venezia, Angelo Gardano, 1597.

scrittura sostanzialmente omoritmica e accordale, oltre un certo contenimento delle estensioni vocali. Difatti fra le parti coinvolte nel brano di Marini l'unica che tende ad ampliare la propria presenza è solamente quella di tenore. Ma Vecchi e Banchieri trattano il rapporto tra musica e lingua in ossequio a una visione drammaturgica di fatto fondata sulla commedia dell'arte, là dove dunque la maschera canta e parla nella proprio vernacolo. Nel nostro caso la poesia è di circostanza e non ha alcuna valenza drammatica, semmai potrebbe accostarsi al genere umanistico della nenia. In una simile considerazione, sarà anche utile rammentare una tipologia compositiva diffusasi in area veneziana nel tardo Rinascimento: la *greghesca* o *giustiniana*. Proprio come per la maggior parte di queste ultime, il tessuto scelto per *Anzoletta* è a tre voci. Ma a differenza della vera e propria *greghesca*, Marini utilizza un sonetto colto la cui lingua è quella cittadina e non un *grammelot* di diverse parlate adriatiche.[135] Va poi aggiunto – a riprova di un lessico affatto monocorde – che il componimento di Marini tradisce, là dove nelle misure centrali si dispiega un lungo solo di tenore, un interessante esempio di canto alla veneziana. Così per la peculiare natura stilistica di questo passaggio del madrigale, non si può ignorare il sospetto che un *a solo* come questo possa essere eseguito in assenza di sostegno armonico, secondo una forma espositiva assai frequente nel repertorio musicale delle più diverse tradizioni popolari.[136] In ossequio a quanto suggerito dai già descritti *Le carte in ch'io primier scrissi*, *Vezzosi augelli*, *Deh non coglier più fiori* nonché da *Chi quella bella bocca* (ultimo brano vocale del libro), *Anzoletta del ciel* sembra pertanto nuovamente indicare la tendenza di Marini ad assegnare alla voce tenorile più impegnativi, o comunque sia più estesi, ruoli solistici. Questa particolare 'vocazione' potrebbe allora alimentare l'idea che tale registro corrispondesse a quello della voce del musicista, che come si è avuto modo di ribadire aveva fatto dell'arte del canto una niente affatto trascurabile parte della propria carriera professionale.

Ultimi due brani vocali della raccolta sono i madrigali *Se nel sereno viso* e *Chi quella bella bocca*, entrambi scritti nelle tessiture di due soprani, alto, tenore e basso, nel

---

135. A titolo di esempio, nel 1564 Claudio Merulo venne coinvolto, insieme ad altri musicisti del calibro di Adrian Willaert, Cipriano de Rore, Annibale Padovano, Andrea Gabrieli e Giaches de Wert, nell'intonazione musicale di alcuni testi poetici di Antonio Molino (meglio noto con lo pseudonimo Manoli Blessi). Questi poemi erano scritti in una sorta di veneziano contaminato con il lessico proveniente dalle isole dell'Egeo e pertanto chiamati *greghesche*; cfr. Rodobaldo TIBALDI, *Merlotti, Claudio*, in *Dizionario Biografico degli Italiani*, http://www.treccani.it/enciclopedia/claudio-merlotti_(Dizionario-Biografico).

136. A questo proposito si segnala che per il completamento del brano si è scelto – vista la sua specificità – di adottare una formula neutra: di fatto nella nostra ricostruzione il basso continuo coincide con la parte di tenore, o comunque sia con la linea più grave di volta in volta coinvolta nel canto. Dato che la tessitura più grave è qui assegnata alla voce tenorile, il continuo è stato ridisegnato all'ottava inferiore di questa stessa parte, rispettandone *in toto* la scansione ritmica. L'adozione di una soluzione 'diplomatica' di questo tipo è stata d'altra parte forzata dal fatto che non si dispone di un sufficiente *corpus* di composizioni coeve di analogo carattere.

secondo caso però con il concorso di due violini obbligati. *Se nel sereno viso* è dunque il primo contributo di Marini al genere 'classico' del madrigale polifonico senza ausilio di strumenti concertanti. Il compositore bresciano sarebbe poi ritornato a cimentarsi in queste forme nel 1624, qualche tempo dopo il suo arrivo a Neuburg.[137] *Se nel sereno viso* appare quindi – almeno per quanto riguarda l'ambiente italiano tra la fine degli anni Dieci e l'inizio degli anni Venti del XVII secolo – una tipologia musicale non pienamente all'avanguardia, di certo indirizzata a un pubblico sempre più ristretto, magari proprio come quello delle adunanze dell'*Accademia degli Agitati*. Oppure più semplicemente si trattava della volontà di testimoniare sempre di più la versatilità e le potenzialità dell'autore, in sostanza la capacità di rispondere alle più differenti esigenze musicali. Sul versante stilistico si può osservare il tentativo di preservare un impianto contrappuntistico seppure in un quadro musicale assai semplificato e sostanzialmente caratterizzato dal movimento omoritmico delle parti. Una tendenza che accomuna questo brano ad analoghi lavori della già citata raccolta di madrigali del 1624-1634 del Marini stesso, nonché naturalmente ad altre composizioni di medesimo genere apparse in quegli stessi anni. Il testo di *Se nel sereno viso* è opera del già menzionato Maurizio Moro.[138] Questo suo componimento era stato pubblicato all'inizio del XVII secolo nei *Tre giardini de' madrigali*, un'antologia poetica dalle tormentatissime vicissitudini.[139] A causa del contenuto lascivo, il libro fu infatti oggetto di una feroce e severissima censura tanto d'apparire all'indice sino a Ottocento inoltrato.[140] Nonostante queste premesse, l'autore aveva goduto d'un qualche successo tra i compositori attivi a cavallo tra XVI e XVII

---

137. Biagio MARINI, *Per le musiche di camera. Concerti a quattro, 5. 6. voci, & instrumenti. Opera settima*, Venezia, Stampa del Gardano, Bartolomeo Magni, 1634 [*recte* 1624]. L'ideazione del libro coincide con la promozione a direttore della compagine vocale e strumentale al servizio del duca Wolfgang Wilhelm, evidentemente un modo per sdebitarsi dell'importante riconoscimento. Ultimato nel 1624 (come attestato dalla data della lettera dedicatoria), il libro fu tuttavia pubblicato per ragioni non chiare solo dieci anni più tardi.

138. Di probabile origine ferrarese, Moro fu canonico presso la Congregazione di San Giorgio in Alga a Venezia e membro dell'Accademia dei Cospiranti di Treviso. Benché siano scarse le notizie biografiche, dovette di certo soggiornare in diversi centri ed ebbe sicuramente rapporti con la corte di Mantova nonché con il Tasso.

139. Maurizio MORO, *I tre giardini de' madrigali del Costante accademico cospirante,* parte II, Venezia, Gasparo Contarini, 1602, p. 103. In questo caso però il madrigale del Moro è riportato a titolo di «Bellezze di Diana».

140. Per queste ragioni l'autore fu indotto a pronunciare una sorta di riparazione morale mediante la stampa di un canzoniere devoto; Maurizio MORO, *Amorosi stimoli dell'anima penitente*, Venezia, Giovanni Alberti, 1609. Sulla censura dei *Giardini* si vedano Ugo ROZZO, *Italian literature on the Index*, in *Church, Censorship and Culture in Early Modern Italy*, a cura di Gigliola Fragnito, Cambridge, Cambridge University Press, 2001, pp. 193-222 – Manuel BERTOLINI, *L'affetto e la sua misura. Le autorità ecclesiastiche e la regolamentazione della musica nel Cinque e Seicento*, Tesi di Dottorato di ricerca, Università degli Studi di Milano, A.A. 2011-12.

secolo, fra questi spicca Claudio Monteverdi con il già menzionato *Si ch'io vorrei morire* dal suo Quarto libro.[141] E proprio a questa particolare raccolta del compositore cremonese Marini può aver guardato con uno speciale occhio, e non unicamente per la comune scelta di un poeta come Moro o per l'utilizzo di una scrittura a cinque parti, per quanto amplificata dalla presenza del continuo nel caso del violinista bresciano.[142] È infatti proprio a partire dalla quarta silloge di madrigali che Monteverdi tende a radicalizzare l'impiego di un'«omoritmia recitativa a note ribattute» tale da contagiare «anche la configurazione melodica di soggetti poi usati imitativamente»,[143] tutti elementi stilistici che informano in maniera più o meno marcata *Se nel sereno viso*. Ma va egualmente aggiunto che gli esiti artistici dei due compositori non sono assolutamente comparabili. Se si volesse tuttavia cercare a ogni costo un referente stilistico a questo madrigale di Marini si potrebbe allora nuovamente pensare – senza voler necessariamente scomodare Monteverdi – ai ritmi espressivi e musicali degli *Affetti amorosi* di Negri, raccolta che sembra dunque affacciarsi con con una certa frequenza qualora si parli dell'op. II del musicista bresciano.[144] Si vedano in particolare *Tornate o cari baci* e *Ecco l'hora*, i due brani con cui si chiudono gli *Affetti amorosi*, entrambi a cinque voci (più continuo) e tutti e due (in particolar modo il primo) assai vicini per scrittura e stile a *Se nel sereno viso*. Ma indipendentemente da possibili filiazioni tra un autore e un altro, Marini non manca certo di una qualche eleganza compositiva anche nello specifico campo del madrigale di tradizione tardo-rinascimentale; come ad esempio quando le due cellule ritmico/melodiche di base di *Se nel sereno viso* (la prima a vere e proprie note ribattute, la seconda costituita da un breve movimento per grado congiunto) si incontrano in coincidenza del passaggio poetico «se nelle labbra ascose» (misure 21-32), traducendo quest'immagine musicale in un momento di singolare e commovente dolcezza.

---

141. Claudio MONTEVERDI, *Il quarto libro de madrigali a cinque voci* cit. Del Moro si può ancora citare *Un giorno a Pale sacro*, componimento musicato da Ippolito Baccusi con il quale si apre *Il trionfo di Dori descritto da diversi et posto in musica, à sei voci, da altrettanti autori* (Venezia, Angelo Gardano, 1592), celebre antologia di madrigali della fine del XVI secolo. Il libro dovette peraltro godere già all'epoca di una certa fortuna perché fu oggetto di numerose ristampe e non solo in Italia. Pochi anni più tardi Antonio Mogavero mise in musica una sua raccolta di madrigali utilizzando quasi unicamente componimenti poetici del Moro: Antonio MOGAVERO, *Il terzo libro de madrigali a cinque voci intitolato Vezzi amorosi, con un dialogo a otto*, Venezia, Ricciardo Amadino, 1598. Sempre su testi di Maurizio Moro vanno infine ascritti al messinese Filippo Bonaffino alcuni brani più vicini cronologicamente all'op. II di Marini; Filippo BONAFFINO, *Madrigali concertati a due, tre e quattro voci per cantar e sonar nel clavicembalo, chitarrone o altro simile instrumento*, Messina, Pietro Brea, 1623.
142. È comunque noto che la quarta raccolta di madrigali di Monteverdi fu oggetto di riedizioni con aggiunta del basso continuo; Claudio MONTEVERDI, *Il quarto libro de' madrigali a cinque voci. Con il basso continuo per il clavicembalo, chitarrone od altro simile istrumento*, Antwerpen, Pietro Phalesio, 1615.
143. Cfr. Paolo FABBRI, *Monteverdi* cit., pp. 74-75.
144. Marc'Antonio NEGRI, *Affetti amorosi* […] *Libro secondo* cit.

Con *Chi quella bella bocca* si è giunti in fine all'ultimo brano vocale della raccolta. Si segnala in primissimo luogo che il testo è tratto da quel medesimo idillio del nobile bolognese Claudio Achillini (1574-1640) che fornisce i versi alla *Lettera amorosa* di Monteverdi. Brano quest'ultimo che appare – com'è noto – tra le pagine del settimo libro di madrigali del compositore cremonese e dunque pubblicato solamente un anno dopo l'uscita dell'op. II di Marini.[145] Difficile stabilire se si tratti di semplice coincidenza o qualche cosa di più. Nondimeno, la vicinanza dei due compositori, entrambi in quel momento impiegati nella medesima istituzione musicale, potrebbe effettivamente lasciare intuire una qualche influenza dell'uno sull'altro. Ma da qui a dire che il primato editoriale di Marini debba essere necessariamente letto come prova di un'ascendenza sulle scelte poetiche di Monteverdi il passo resta evidentemente lungo. Non si può in effetti escludere che la versione della *Lettera* monteverdiana circolasse in forme manoscritte ancor prima di essere pubblicata o comunque sia che il brano fosse già conosciuto in ambiente veneziano al momento della pubblicazione dei *Madrigali et symfonie*.[146] Comunque stiano le cose, l'attribuzione testuale che si compie in questa occasione è sfuggita agli studiosi che si sono accostati alla raccolta di Marini (e più in generale al repertorio vocale d'inizio Seicento) forse perché i versi utilizzati per la sonorizzazione sono prossimi alla fine della lunga poesia, mentre la pagina monteverdiana ha imposto in un qualche modo di focalizzare l'attenzione sull'esordio di questo idillio. Di certo la produzione del poeta bolognese non è particolarmente nota e trattata nelle discipline musicologiche, probabilmente perché l'autore non è tra i più gettonati nelle intonazioni vocali di primo Seicento.[147] I versi di Achillini in questione figurano, con il titolo *Cavaliere impaziente delle tardate nozze, scrive alla sua bellissima Sposa questa lettera* nel volume di rime edito a Bologna nel 1632.[148] Risulta subito evidente che questa raccolta non può essere stata utilizzata da Marini e difatti

---

145. «Lettera amorosa in genere rappresentativo a voce sola»; Claudio MONTEVERDI, *Concerto. Settimo libro de' Madrigali* cit. – Claudio Gallico riconobbe per primo all'Achillini i versi di questo celebre componimento; cfr. Claudio GALLICO, *La «lettera amorosa» di Monteverdi e lo stile rappresentativo*, in «Rivista Musicale Italiana», 1967, I, pp. 287-302.

146. La produzione madrigalistica di Monteverdi lascerebbe nascere in effetti qualche dubbio in tale direzione. Notorio il fatto che il celebre *Combattimento di Tancredi et Clorinda* venne composto, secondo le parole dell'autore stesso, molti anni prima di essere dato alle stampe; Claudio MONTEVERDI, *Madrigali guerrieri et amorosi* [...] *Libro ottavo* cit.

147. Per rivenire a Monteverdi, oltre alla *Lettera*, Achillini fornì al maestro cremonese unicamente il materiale poetico per il torneo *Mercurio e Marte*, lavoro con il quale si volle inaugurare il teatro Farnese di Parma il 21 dicembre 1628. Una stima delle intonazioni delle rime di Achillini si trova in Massimo PRIVITERA, *«Leggete queste note». La lettera amorosa di Achillini e Claudio Monteverdi* cit., pp. 225-246.

148. Claudio ACHILLINI, *Poesie*, Bologna, Clemente Ferroni, 1632, p. 179.

dell'idillio sono note anche alcune redazioni manoscritte e a stampa, certo anteriori.[149] La fonte a cui senza dubbio debbono avere attinto tanto Marini quanto Monteverdi è una breve raccolta di rime intitolata *L'amorosa ambasciatrice*, edita a Vicenza nel 1616.[150] Così dimostrano difatti le differenze fra le varie stesure, in particolar modo ai versi 114-127, là dove risulta effettivamente possibile accordare all'edizione vicentina il testo del nostro madrigale. È ben noto che l'idillio consta di una lettera che un uomo scrive alla propria amata durante una lontananza. Bramando di vederla presto, viene anche colta l'occasione per presentare una lode alla bocca della donna, con l'invocazione di futuri desiderati baci. Se il testo dell'*Amorosa ambasciatrice* è tutto sommato privo di riferimenti nuziali, quello delle *Rime* invece ne presenta un cenno (*i legitimi baci*, v. 124). Di tutto il poema, la sezione utilizzata da Marini è esattamente quella che si riferisce al bacio nel modo più manifesto e pertanto si situa consapevolmente a conclusione di un florilegio in cui il tema è esaminato in modo sistematico. Mentre la *Lettera* di Monteverdi è in stile recitativo, quella del violinista bresciano adotta un procedimento totalmente antitetico, ma aggiungiamo che un brano come questo ben si presta a concludere la prima sezione della raccolta perché coinvolge tutte le voci, nonché parte degli strumenti richiesti nel libro. Qui Marini sembra esercitare una massima *varietas* di stili e di agglomerazioni sonore, come si può osservare più nel dettaglio alla tavola n. III. Gli episodi si succedono tutto sommato in modo abbastanza omogeneo, fa eccezione il solo di tenore che oltre essere il passaggio più esteso è anche quello che corrisponde alla sezione con i due violini concertati. Gli interventi dei 'tutti' si alternano tre volte e con una certa simmetria, in maniera da incorniciare e collegare le parti più solistiche.

Tavola III

Misure	Descrizione	Voci/strumenti	Testo
1-6	Esposizione a coppie di voci omologhe	SS-AT	*Chi quella bella bocca*
7-13	Tutti omoritmico	SSATB	*degno è ben che pietoso*
14-17	*Solo* dei violini	2Vn	---
18-30	Tenore solo con violini	2Vn T	*O bei labri vermigli*

---

149. Su queste liriche e la datazione delle loro fonti si veda Claudio ACHILLINI, *Poesie*, a cura di Angelo Colombo cit. Nel saggio oltre a riportare un dettagliato esame delle concordanze fra stampe e manoscritti, il curatore riproduce il testo dell'autografo conservato presso la Biblioteca Universitaria di Bologna (cod. ms. 2322), collocandolo cronologicamente agli anni Venti del XVII secolo.

150. *L'amorosa ambasciatrice, idilio del. m. ill. & eccellentiss. signore C.A. con tre altri dopo questo composti da bellissimi ingegni. Al molto illustre signore Fabio Zogiano consecrati*, Vicenza, Francesco Grossi, 1612. La raccolta include altresì poesie di Nicolò Corradini, Ridolfo Campeggi e Marc'Antonio Balcinelli; curiosamente, nel medesimo anno e sempre a Vicenza, il libro fu edito anche per i tipi di Giacomo Cescato e Bartolamio de Santi.

31-35	Tutti, ciclo di quinte	SSATB	*Fiorir i baci e germogliar il riso*
36-45	A due, transizione in tempo ternario	SS	*Quell'amoroso riso*
46-49	Omoritmico (eco del precedente)	TTB	*Tra' suoi beati e spiritosi fiori*
49-60	Cromatismo (per addizione progressiva ascendente) e cadenza	SSATB	*Fa tremolar di due begli occhi*

Diversi aspetti legati all'invenzione melodica si affacciano in modo palese e più spiccato rispetto alla totalità dei precedenti componimenti della raccolta. Ad esempio, proprio l'uscita a solo della voce tenorile pare alquanto anomala, poiché non è prerogativa assoluta della sezione ma piuttosto una *tertia pars* che per quanto totalmente svincolata dall'inserto dei violini possiede pure (specialmente nelle misure iniziali) funzione di basso, inteso qui come parte più grave del 'trio' concertante.[151] Nonostante la componente strumentale non sia particolarmente esuberante, riesce tuttavia a prevalere nella sostanza, richiamando per scrittura tanto i brani di derivazione coreutica della raccolta quanto e soprattutto alcuni lavori della precedente pubblicazione di Marini, come per esempio il balletto *Il Zontino* e la sinfonia *La Candela*.[152] Altra interessante e particolare soluzione si nota nella sezione cromatica conclusiva. Qui il soggetto è composto dalla giustapposizione di due segmenti contrastanti fra loro in cui le prime due misure ospitano l'*affetto* (quattro minime in cromatismo ascendente che dipingono il 'tremolare' suggerito dalle parole), mentre la 'coda' è caratterizzata da crome ribattute anticipate da un intervallo discendente di terza. Di fatto, questo aspetto costruttivo pare il più 'pensato' di tutta la composizione (si veda l'esempio n. IV).

Ma *Chi quella bella bocca* assume ai nostri occhi anche altri meriti oltre quelli strettamente musicali. Il brano di Marini ha infatti il pregio di essere – a nostra conoscenza – il primo esempio di madrigale con strumenti concertanti a trovare spazio in raccolte dell'epoca. Si ricorda che Monteverdi incomincia a presentare materiale di

---

151. In questo madrigale i violini sono apparentemente tenuti a suonare solo nel segmento centrale, come se si trattasse di un brano a sé. Non si può tuttavia scartare l'ipotesi di un raddoppio strumentale per le parti di soprano, specialmente nella sezione conclusiva o anche nel 'tutti' (misure 30-35) posto immediatamente dopo il solo del tenore. Si segnala a tal proposito che le parti affidate ai violini sono riportate nei fascicoli del *Canto primo* e *Canto secondo*, all'interno delle due linee di soprano. Proprio al principio di queste carte, una didascalia rivolta ai cantanti indica le modalità esecutive: «Si avverte quando che trovarete la chiane (*sic*) di G sol re ut lasciate sonar un violino e doppo entrarete quando vi trovarete la nuova chiave di C sol fa ut». Nonostante non sia dato alcun suggerimento ai violinisti, appare tuttavia sensato pensare che il comportamento più ovvio sia quello di terminare il madrigale con un 'tutti' comprensivo di voci e strumenti, tanto più che non ci sarebbe (vista la disposizione delle parti di violino e soprano) alcun impedimento per lo strumentista che intendesse leggere la rispettiva voce da raddoppiare.
152. Biagio MARINI, *Affetti musicali* cit.

questo genere solamente a partire dall'anno successivo, ancora una volta nel più volte citato settimo libro di madrigali.[153] Un dato evidentemente non sufficiente a ribaltare la posizione di Marini e di Monteverdi nel panorama musicale del tempo, ma che tuttavia può essere utile per meglio definire dinamiche, relazioni e scambi tra i musicisti attivi in S. Marco all'inizio del Seicento.[154] Naturalmente quello della datazione di un'opera in base all'anno di pubblicazione è sempre tema delicato, come peraltro si è già osservato per questo stesso brano a proposito del 'genere' della *Lettera amorosa*. Rimane tuttavia l'indiscutibile certezza che almeno sul piano editoriale *Chi quella bella bocca* debba aver svolto una funzione di apripista anche per un compositore del calibro di Monteverdi. Non trascurabile è poi il fatto che per quanto riguarda proprio il connubio voci/strumenti sia nuovamente possibile delineabile un raffronto tra i *Madrigali et symfonie* di Marini e gli *Affetti amorosi* di Negri. Tra i più significativi brani della raccolta del compositore veronese spicca infatti *Baci affettuosi e iscambievoli*, madrigale in forma dialogica per soprano, tenore e due violini.[155] Nonostante in quest'ultimo caso il concorso strumentale si limiti alla semplice funzione di preambolo o intermezzo tra una sezione e l'altra del componimento, tanto per tempi di pubblicazione, tanto per il *milieu* musicale di provenienza, gli *Affetti amorosi* del Negri appaiono ancora una volta sempre più aver guidato gli esordi della carriera compositiva di Biagio Marini.

---

153. Claudio MONTEVERDI, *Concerto. Settimo libro de madrigali* cit. Diversa evidentemente la situazione di *Questi vaghi concenti* dal Quinto libro, dove i violini si limitano alla funzione di semplice interludio strumentale; cfr. ID., *Il quinto libro de madrigali* cit.
154. Così Paolo Fabbri a proposito della settima raccolta di madrigali del compositore cremonese, per quanto venga poi anche citato lo stesso Marini: «Va in ogni caso segnalato che Monteverdi era in primissima fila nello sperimentare in campo madrigalistico a stampa i connubi di voci e strumenti acuti: le soluzioni tecniche adottate nei brani in questione del suo *Concerto* lo collocano anzi in una posizione di assoluta priorità dato che chi l'aveva preceduto in questo campo si era mantenuto stretto ad una concezione che alternava, non integrava la componente strumentale con quella vocale. Così tanto il *Primo libro de madrigali* a cinque di Alessandro Scialla (Napoli, Giovanni Giacomo Carlino e Costantino Vitale, 1610) che le *Prime musiche nuove* a 1-3 voci di Angelo Notari (Londra, Guglielmo Hole, 1613) contengono ciascuno un madrigale 'con sinfonia', mentre il madrigale dialogato di Marcantonio Negri *Baci affettuosi et iscambievoli* dai suoi *Affetti amorosi* (Venezia, Ricciardo Amadino, 1611) avvicenda madrigali ad 1-2 e 5 voci con 'sonate' e 'sinfonie' a due violini, e nei *Madrigali et symfonie* del 'musico della serenissima Signoria di Venetia' Biagio Marini (Venezia, Gardano [Bartolomeo Magni], 1618) ne figurano uno a voce sola 'con ritornello per il bassetto e chitarrone con 2 violini' ed uno a cinque che 'comprende un a solo di violino'»; cfr. Paolo FABBRI, *Monteverdi* cit., p. 221. Nell'ultimo caso ci si riferisce evidentemente proprio a *Chi quella bella bocca*, dove però in realtà i violini svolgono il loro passaggio in dialogo con la voce di tenore e non come semplice ritornello strumentale.
155. Marc'Antonio NEGRI, *Affetti amorosi* [...] *Libro secondo* cit.

Es. n. IV, *Chi quella bella bocca*, misure 49-52 (violini *tacent*)

Tavola IV

CONCORDANZE TESTUALI

(qualora non sia ricavabile dal titolo della raccolta, l'organico del brano è indicato nella colonna a destra)

← Vezzosi augelli (Tasso)

Luca Marenzio	*Madrigali a quattro voci libro primo*	Roma, Alessandro Gardano, 1585
Pasquale Tristabocca	*Di Pasquale Trista Bocca il secondo libro di madrigali a cinque voci*	Venezia, Herede di Girolamo Scotto, 1586
Giaches de Wert	*Di Giaches de Wert l'ottavo libro de madrigali a cinque voci*	Venezia, Angelo Gardano, 1586
Giovanni Matteo Asola	*Fiori musicali di diversi auttori a tre voci [...] novamente ristampati*	Venezia, Giacomo Vincenti, 1598
Simone Molinaro	*Il secondo libro delle canzonette a 3 voci*	Venezia, Ricciardo Amadino, 1600
Antonio Cifra	*Li diversi scherzi a una, due et tre voci. Libro secondo. Opera decimaquarta*	Roma, Gio. Battista Robletti, 1613 (romanesca a due voci)
Domenico Massenzio	*Scelta di madrigali, canzonette, villanelle, romanesche, ruggeri*	Roma, Paolo Masotti, 1629 (romanesca a voce sola e bc)

Biagio Marini

❦ Perché fuggi tra' salci (Marino)

Girolamo Frescobaldi	*Il primo libro de madrigali a cinque voci*	Antwerpen, Pierre Phalese, 1608
Marc'Antonio Negri	*Affetti amorosi [...] Libro secondo*	Venezia, Ricciardo Amadino, 1611 (T. e bc)
Antonio Taroni	*Secondo libro de madrigali a cinque voci*	Venezia, Ricciardo Amadino, 1612
Giovanni Ghizzolo	*Secondo libro de madrigali a cinque et sei voci*	Venezia, Ricciardo Amadino, 1614 (5 voci)
Vincenzo Ugolini	*Il Secondo libro de madrigali a cinque voci*	Venezia, Giacomo Vincenti, 1615
Francesco Pasquali	*Madrigali di Francesco Pascale cosentino a cinque voci libro secondo*	Venezia, Giacomo Vincenti, 1618
Claudio Monteverdi	*Concerto. Settimo libro de madrigali a 1, 2, 3, 4 et sei voci*	Venezia, Stampa del Gardano, 1619 (T.T. bc)
Giovanni Bernardo Colombi	*Madrigali concertati a due, tre, e quattro voci*	Venezia, Alessandro Vincenti, 1621 (C. T. e bc)
Simplicio Todeschi	*Amorose vaghezze a tre voci concertate*	Venezia, Alessandro Vincenti, 1627
Pietro Antonio Ziani	*Fiori musicali raccolti [...] nel giardino de madrigali a 2.3.4. voci*	Venezia, Bartolomeo Magni, 1640 (C.A.T.B.)

❦ Perché credi o mio core (Marino)

| Claudio Saracini | *Le terze musiche di Claudio Saracini detto il Palusi nobil senese* | Venezia, Giacomo Vincenti, 1620 |

❦ S'io non ti toglio un bacio (Marino)

Tommaso Cecchino	*Amorosi concetti. Il terzo libro de madrigali a 1 e 2 voci*	Venezia, Giacomo Vincenti, 1616 (voce sola e bc)
Michel Angelo Grancino	*Il primo libro di madrigali in concerto a 2, 3, 4 voci op. XI*	Milano, Carlo Camagno, 1646 (3 voci)
Claudio Saracini	*Le seste musiche*	Venezia, Bartolomeo Magni, 1624 (voce sola e bc)
Francesco Turini	*Madrigali a 5 cioè 3 voci libro terzo*	Venezia, Alessandro Vincenti, 1624 (A.T. e bc)

❦ Questi languidi fiori (Marino)

| Girolamo Santucci | *Florido concento di madrigali in musica a tre voci [...] di eccellentissimi auttori* | Roma, Vitale Mascardi, 1652 |

Gilles HAYNE ne include una versione moralizzata con il titolo *Mille gratiae rores*; in *Motetti overo madrigali [...] fatti spirituali*, Antwerpen, Pierre Phalèse, 1643.

← Deh non coglier più fiori (Grillo)

Arcangelo Borsaro	*Il secondo libro delle canzonette a tre e quattro voci*	Venezia, Ricciardo Amadino, 1590 (4 voci)
Vincenzo Neriti	*Canzonette a quattro voci libro primo*	Venezia, Angelo Gardano, 1593
Orazio Scaletta	*Effetti d'amore, canzonette a quattro voci*	Venezia, Ricciardo Amadino, 1595

← Misero me son morto (Petracci)

Orindio Bartolini	*Il primo libro de madrigali a cinque voci*	Venezia, Alessandro Raverij, 1606
Alessandro Capece	*Il secondo libro de madrigali, et arie a una, due, et tre voci*	Roma, Gio. Battista Robletti, 1625
Giulio Medici	*Amorosi concenti musicali*	Venezia, Giacomo Vincenti, 1619

‹‹ Musica strumentale

La seconda parte dei *Madrigali et symfonie* di Marini è costituita da dodici composizioni strumentali suddivise tra *canzoni da suonar*, brevi *suites*, movimenti di danza autonomi e sinfonie. Queste ultime rimandano – al di là dell'impiego terminologico – tanto a brani di evidente derivazione coreutica, tanto al nuovo genere della sonata. Il numero delle voci impiegate va da due a quattro strumenti concertati, a cui si deve evidentemente aggiungere la parte del basso continuo. Indicazioni inerenti alla strumentazione accompagnano in maniera completa unicamente la canzona *La Rizza* (violino, cornetto, trombone e fagotto) e la canzona *La Bombarda* (violino e cornetto). Così se nella gagliarda *La Roccha* la linea acuta è assegnata al violino, quella grave è invece destinata a uno strumento basso non meglio precisato. In maniera inversa, nella sinfonia *La Finetta* la parte di basso è attribuita a un trombone mentre quelle di soprano sono sprovviste d'indicazioni concernenti la loro strumentazione. Un'identica situazione si verifica anche nella sinfonia *La Malipiera* dove ancora una volta la linea del basso è accordata a un trombone mentre la parte del canto non comporta prescrizioni di alcun genere. Non vi sono però dubbi che in quest'ultimo caso si tratti di un violino. La presenza di alcuni passaggi che implicano necessariamente la tecnica delle doppie corde renderebbe difatti impossibile – salvo opportune modificazioni – l'esecuzione del brano con altri strumenti. La seguente tabella riassume generi, organici, numero e combinazioni delle voci dei brani strumentali della raccolta.

Tavola V

Titolo	Genere*	Strumentazione e/o combinazione delle voci
La Rizza	Canzona	Violino, cornetto, trombone e fagotto (+ b.c.)
La Cominciola	Sinfonia e balletto	Due strumenti soprano e strumento basso non precisati (+ b.c.)
La Finetta	Sinfonia	Due strumenti soprano e trombone (+ b.c.)
La Philippi	Sinfonia e balletto	Due strumenti soprano e strumento basso non precisati (+ b.c.)
La Bombarda	Canzona	Violino e cornetto (+ b.c.)
La Rossa	Gagliarda	Due strumenti soprano e strumento basso non precisati (+ b.c.)
La Malipiera	Sinfonia	Strumento soprano non precisato (violino) e trombone (+ b.c.)
La Grilla	Sinfonia	Strumento soprano e strumento basso non precisati (+ b.c.)
Il Grimani	Sinfonia e balletto	Due strumenti soprano e strumento basso non precisati (+ b.c.)
La Scistina	Corrente	Due strumenti soprano e strumento basso non precisati (+ b.c.)
La Roccha	Gagliarda	Violino e strumento basso non precisato (+ b.c.)
Il Seccho	Balletto e corrente	Strumento soprano e strumento basso non precisati (+ b.c.)

* Le differenti tipologie strumentali sono classificate secondo le denominazioni originali. Si è tuttavia qui preferito normalizzare i termini symfonia in sinfonia e canzone in canzona.

In ottemperanza alla scrittura musicale e alle consuetudini esecutive del tempo, coppie di violini e/o di cornetti possono essere considerate come la soluzione più consona per tutti quei brani in cui 'l'orchestrazione' delle parti acute è lasciata *ad libitum*. Fermo restando che le più disparate combinazioni di colori e timbri erano all'epoca tollerate, non è da escludere che per quanto riguarda le linee gravi analogamente non assegnate a un particolare strumento si debbano invece privilegiare quelli a fiato. Ciò sembrerebbe meglio assecondare modalità esecutive tipiche – per quanto non esclusive – del *milieu* musicale veneziano, là dove effettivamente appaiono ben sfruttate le potenzialità dell'impasto timbrico violino-trombone o violino-fagotto. Si pensi alla coeva produzione strumentale di autori locali (o principalmente attivi a Venezia), come Gabriele Usper, Giovanni Battista Riccio, Dario Castello, Giovanni Picchi, Giovanni Rovetta, Massimiliano Neri o – per arrivare sino alla fine del secolo – Giovanni Battista Legrenzi. Una tendenza che sembra del resto ben corrispondere agli incastri sonori della prima pubblicazione dello stesso Marini. In effetti, anche negli *Affetti musicali* il violinista bresciano ricorre più esplicitamente a strumenti a fiato gravi che non a corda. Basti citare la sinfonia *La Giustiniana* (due violini o cornetti e trombone), la sonata *La Foscarina* (due violini o cornetti e trombone o fagotto), la canzona *La Marina* (cornetto o violino e due tromboni), la sonata *L'Aguzzona* (due violini e fagotto). Si segnala tra l'altro che questi medesimi lavori rappresentano, tanto sotto il profilo esecutivo, tanto sotto quello squisitamente musicale, il meglio della raccolta.[156] Nei restanti componimenti del libro provvisti di una linea grave concertante Marini utilizza laconicamente il termine *Basso*. Espressione che evidentemente lascia libero il campo a ogni interpretazione, compresa quella che Marini sottintendesse lo strumento grave della famiglia del violino. Non sfugga in tal senso che siamo in presenza di brani coincidenti con generi di danza o comunque sia a essi assai vicini per stile e forma; delle tipologie musicali all'epoca tradizionalmente associate all'ideale sonoro del *consort* di *viole da braccio* e allo stesso tempo espressione più tipica dell'ambiente musicale 'padano' che non di quello propriamente veneziano.[157] Comunque stiano le cose l'unico vero riferimento negli *Affetti musicali* a strumenti a corda di tessitura grave è riscontrabile nel balletto *Il Zontino*, per quanto la didascalia «Basso ad imitation di viole grosse» sembra alludere più che ad un effettivo (o tassativo) uso di strumenti a corda, a modalità esecutive tipiche di quegli stessi strumenti. Non diversamente da quanto accaduto nell'op. I, anche nei *Madrigali et symfonie* Marini non

---

156. A questi componimenti si devono poi aggiungere la sinfonia *La Giustiniana* (due violini o cornetti e trombone) e la canzona *La Hiacinta* (violino o cornetto e trombone), che è tuttavia lavoro dello zio del violinista breciano; Biagio MARINI, *Affetti musicali* cit.
157. Il solo dato in controtendenza è offerto dalla sinfonia *La Giustiniana*, la cui linea grave concertante prevede l'utilizzo di un trombone.

fa esplicita menzione del basso di violino (o del basso di viola da gamba). Là dove gli strumenti gravi sono precisati si tratta come si è già detto unicamente del trombone e del fagotto, se viceversa non lo sono Marini ricorre nuovamente al generico termine di *Basso*.[158] Va comunque aggiunto che nel loro insieme le linee gravi dei brani strumentali dell'op. II non si contraddistinguono certo per una scrittura particolarmente idiomatica. In effetti, per quanto le parti di fagotto e/o di trombone della canzona *La Rizza*, della sinfonia *La Malipiera* e, in misura minore, della sinfonia *La Finetta* siano più impegnative delle corrispondenti voci degli altri brani del libro, non si avvertono effettive differenze di linguaggio musicale. È pertanto verosimile che le scelte di Marini siano imputabili, più che a una cosciente differenziazione d'approccio strumentale, a una rappresentazione timbrica – a seconda delle tipologie musicali – di stili più o meno leggeri e più o meno vicini a forme di derivazione coreutica. Malauguratamente anche sul versante dell'estensione verso il registro grave e acuto non appaiono elementi che possano suggerire particolari indicazioni rispetto l'uso di uno strumento basso ideale. Si tratta al contrario di tessiture facilmente raggiungibili dal basso di violino (o dal basso di viola da gamba), dal fagotto e dal trombone.[159] In conclusione si può ricordare che, analogamente a quanto avvenuto nelle due precedenti pubblicazioni, anche i brani strumentali dell'op. III di Marini pongono medesimi problemi esecutivi.[160] Una situazione diversa caratterizza invece l'op. VIII, di certo la sua più cospicua raccolta strumentale. Qui Marini indica effettivamente in maniera più precisa dove devono essere impiegati strumenti gravi della famiglia del violino e della viola da gamba. Va detto però che, per quanto pubblicato a Venezia, il libro fu certamente ideato durante gli anni del suo primo soggiorno alla corte del duca di Neuburg. Così il ricorrere relativamente frequente al basso di viola da gamba potrebbe far pensare a prassi tipicamente nordiche piuttosto che a stilemi esecutivi di contesto veneziano o nord-italiano.[161]

---

158. Unica eccezione il ritornello strumentale di *Non te'n fuggir*. Qui Marini impiega l'espressione *bassetto*, da intendersi verosimilmente proprio come lo strumento grave della famiglia del violino: «Ritornello per il bassetto ò chitarone con doi violini». Da notare comunque – a riprova di un impiego terminologico su cui non si può fare sempre affidamento – che nel fascicolo della parte vocale di questo medesimo brano viene riproposta la formula neutra utilizzata in tutti gli altri componimenti del libro: «Aria a voce sola con il ritornello per doi violini è basso».

159. La nota più grave della raccolta è il *Re*1: tutti i brani strumentali ad eccezione del *Grimani*, *La Rocca* e *La Rossa*, dove non si scende oltre il *Mi*1. Sul versante opposto, la nota più acuta è rappresentata dal *Re*3 (*La Grilla*, *Il Grimani* e *Il Seccho*). Gli altri brani oscillano tra il *La*2 (*La Scistina*, *La Rossa*, più la parte di fagotto della *Rizza*), il *Si*2 (*La Roccha*), il *Do*3 (*La Cominciola*, più le parti di trombone della *Finetta* e della *Malipiera*). Un discorso diverso valga invece per la linea di trombone della *Rizza* che è una parte di tenore a tutti gli effetti (*La*1 – *Fa*3).

160. La terza raccolta di Marini era apparsa nel 1620, immediatamente dopo il ritorno del musicista a Brescia. Composto prevalentemente da brani vocali, il libro si chiude con sei composizioni strumentali; ID., *Arie, madrigali et corenti* cit.

Tra tutti i brani strumentali dei *Madrigali et symfonie* particolarmente interessante si rivela la canzona *La Rizza*. Si tratta non solo della più ambiziosa *pièce* strumentale del libro ma anche una di quelle di maggior respiro tra quelle pubblicate da Marini durante i primissimi anni d'attività professionale. Com'è noto i musicisti attivi a Brescia a cavallo tra XVI e XVII secolo avevano svolto un ruolo importantissimo per la definizione e lo sviluppo di queste particolari forme strumentali.[162] E proprio alla città natale di Marini spetta con il *Libro primo de canzoni da suonare* del compositore bresciano Florenzio Maschera il non trascurabile primato di aver dato alla luce la prima stampa interamente dedicata a questo genere musicale.[163] La locale scuola si arricchisce poi di nomi altrettanto noti a chi è interessato alla pratica strumentale nell'Italia del Nord tra tardo Cinquecento e primo Seicento: Costanzo Antegnati, Carlo Balbezzi, Ottavio Bargnani, Lodovico Beretta, Floriano Canale, Giovanni Ghizzolo, Pietro

---

161. Sul reale anno di pubblicazione della raccolta permane qualche incertezza. Se nel frontespizio del libro è indicato il 1629, la lettera dedicatoria ne anticiperebbe l'uscita di tre anni. Appare comunque oggi più comunemente accettata la datazione alta, in un momento quindi che coincide con il ritorno di Marini in Italia. Tuttavia, il libro dovette essere stato pensato – almeno nell'impianto generale – intorno al 1626, cioè quando Marini si trovava ancora in Germania. I brani in cui sono menzionati strumenti ad arco di registro grave sono la *Sonata sopra la Monica* (due violini e *bassetto*, quest'ultimo sostituibile da una viola da gamba o da altro strumento grave), la *Canzon terza* (quattro tromboni o quattro viole – presumibilmente da gamba), la *Canzon quinta* (due violini e due viole da gamba), la *Canzon nona* (due violini, una viola *ad libitum* – presumibilmente da braccio – più tre tromboni), la *Canzon decima* (due violini o cornetti e quattro viole – presumibilmente da gamba – o tromboni); Id., *Sonate, symphonie, canzoni, pass'emezzi, baletti, corenti, gagliarde, & ritornelli* [...] *con altre curiose & moderne inventioni* cit. Per quanto riguarda invece l'op. XXII, l'ultima raccolta strumentale di Marini, si tratta oramai di un contesto musicale troppo lontano per una possibile comparazione organologica con gli *Affetti musicali*, i *Madrigali et symfonie*, le *Arie, madrigali et correnti* o le appena citate *Curiose e moderne inventioni*. Sebbene nel frontespizio dell'op. XXII appaia ancora la formula di antica memoria «per ogni sorte d'[i]strumento», è più che probabile che la famiglia del violino debba essere oramai considerata come la soluzione più opportuna. D'altra parte nei rispettivi fascicoli è poi indicato inequivocabilmente «violino primo», «violino secondo» e «viola [da intendersi viola-contralto] e basso». È evidente che in un *consort* di questo tipo – tanto per scrittura musicale, tanto per ragioni di omogeneità timbrica – l'espressione *basso* non può che essere intesa come sinonimo di basso di violino; Id., *Diversi generi di sonate, da chiesa, e da camera* cit.
162. Sull'argomento cfr. Dietrich Kämper, *Studien zur instrumentalen Ensemblemusik des 16. Jahrhunderts in Italien* (ed. it.) cit., pp. 235-241 – Frank Heidlberger, *Canzon da sonar. Studien zu Terminologie, Gattungsproblematik und Stilwandel in der Instrumentalmusik Oberitaliens um 1600*, Tutzing, Hans Schneider, 2000, vol. I, pp. 76-90 – Daniele Sabaino, *Contributo ad una precisazione morfologica della canzone polifonica d'insieme: considerazioni analitiche sulle composizioni dei musicisti bresciani del Cinque-Seicento*, in *Liuteria e musica strumentale a Brescia tra Cinque e Seicento*, atti del convegno omonimo (Brescia-Salò), 5-7 ottobre 1990, a cura di Rosa Cafiero e Maria Teresa Rosa Barezzani, Brescia, Fondazione civiltà bresciana, 1992, vol. II, pp. 191-235.
163. Edita presumibilmente per la prima volta nel 1582 (se non già in un qualche momento del decennio precedente), la raccolta conobbe dal 1584 sino al 1621 (segno evidente della fortuna riscossa dal libro nell'arco di quasi un cinquantennio) numerose ristampe; Florenzio Maschera, *Libro primo de canzoni da suonare*, Brescia, Vincenzo Sabbio, 1584.

Lappi, Antonio Mortaro, Gregorio Zucchini e altri ancora. Per qualità e numero di *canzoni da suonar* Brescia fu probabilmente il solo centro capace di rivaleggiare con Venezia in questi specifici domini musicali.[164] Ciò premesso non sembra che Marini si sia particolarmente preoccupato di seguire modelli tipicamente rappresentativi del suo *milieu* d'origine. Anzi nel loro insieme le canzoni del violinista bresciano ostentano tali varietà formali e tali scarti dalle 'consuetudini' dei suoi concittadini da costituire quasi un *corpus* a sé stante.[165] In particolar modo poi proprio per quanto riguarda *La Rizza*, brano che, a prescindere da qualsiasi discorso sulla provenienza dell'autore, rimanda di fatto più alla sonata concertata veneziana del secondo e terzo decennio del secolo che non al vero e proprio genere della *canzon da suonare*. In effetti, salvo gli inserti di apertura e di chiusura, il brano asseconda oramai nella sostanza tessiture specifiche della 'monodia' strumentale.[166] La stessa articolazione in sezioni fortemente contrastanti richiama le sonate di Dario Castello, il musicista che probabilmente incarna al meglio le più innovative tendenze dello strumentalismo veneziano del tempo.[167] Difatti la struttura a micro-movimenti della *Rizza* si declina non solo attraverso differenziazioni di linguaggio musicale, tipiche invero anche della stessa canzona (per esempio sezioni in stile imitativo contrapposte a sezioni in stile omoritmico o sezioni binarie alternate a sezioni ternarie) ma anche attraverso rapidi cambiamenti di dinamica (impliciti al gioco tra tutti e solo) e soprattutto di agogica. Questo vale in particolar modo alle misure 12-41, là dove si susseguono a breve distanza passaggi in tempo 'allegro' e in tempo 'adagio'. Non sfugga poi il carattere affettuoso assegnato alla prima sezione lenta (misure 12-17), immediatamente dopo l'apertura in stile fugato. Una situazione che accentua sin dalle

---

164. Questo ruolo è ben testimoniato dalla celebre raccolta Raverij, antologia strumentale edita a Venezia all'inizio del XVII secolo in cui la scuola bresciana è rappresentata da lavori di Antegnati (due canzoni), Lappi (tre canzoni) e Maschera (2 canzoni); *Canzoni per sonare con ogni sorte di stromenti* [...] *di diversi eccellentissimi musici* [...] *libro primo*, Venezia, Alessandro Raverij, 1608. Sul primo sviluppo della canzona a Venezia e più in particolare sugli esordi strumentali di Giovanni Gabrieli si veda Rodolfo Baroncini, *Giovanni Gabrieli* cit., pp. 397-423.

165. Cfr. Daniele Sabaino, *Contributo ad una precisazione morfologica della canzone polifonica d'insieme: considerazioni analitiche sulle composizioni dei musicisti bresciani del Cinque-Seicento* cit., p. 230.

166. Cfr. misure 23-25, 31-40, 49-70 e 85-119.

167. Com'è noto Castello è autore di due libri di sonate editi rispettivamente nel 1621 e nel 1629. Nel primo caso la fonte più antica corrisponde tuttavia a una ristampa uscita nel medesimo anno di pubblicazione della sua seconda raccolta; Dario Castello, *Sonate concertate in stil moderno* [...] *Libro primo*, Venezia, Stampa del Gardano, appresso Bartolomeo Magni, 1629 (ristampa) – Id., *Sonate concertate in stil moderno* [...] *Libro secondo*, Venezia, Stampa del Gardano, appresso Bartolomeo Magni, 1629. A testimonianza del successo incontrato nel tempo, entrambi i libri conobbero reimpressioni sino all'inizio della seconda metà del Seicento anche al di fuori del territorio nazionale italiano. Il linguaggio strumentale e la struttura delle sonate di Castello sono ben descritti in Peter Allsop, *The Italian 'Trio' Sonata. From its Origins until Corelli* cit., pp. 85-95 – Andrea Dell'Antonio, *Sintax, Form and Genre in Sonatas and Canzonas, 1621-1635*, Lucca, LIM, 1997, pp. 23-64.

primissime battute del brano la tendenza a sviluppare piani musicali differenti e che allo stesso tempo ribadisce modalità compositive oramai lontane dalle più 'canoniche' forme della canzona bresciana e/o da modelli tipicamente gabrieliani. Per quanto riguarda poi il dialogo tra le parti, Marini rinuncia a una rigida suddivisione delle voci in cori distinti e contrapposti, secondo un rigoroso stile antifonale. Gli interventi dei 'solo' sono così governati ora dagli strumenti soprano (violino-cornetto), ora dagli gli strumenti gravi (trombone-fagotto), ora attraverso combinazioni miste (violino-fagotto, violino-trombone e cornetto-fagotto). Sul piano della scrittura strumentale, anche se *La Rizza* non raggiunge i vertici espressi dalle più virtuosistiche canzoni di Giovanni Gabrieli, denota nel suo insieme uno strumentalismo più moderno e pienamente in linea con gli orientamenti degli anni Venti del Seicento. La Tavola n. VI riassume la struttura del brano attraverso le articolazioni proprie di ogni sezione e sottosezione.

Tavola VI

Sezione	Misure	*Tactus*	Agogica	Stile	Strumenti
A	1-11	C	[Presto]	Imitativo	Tutti
B	12-17	[C]	*Tardo*	Omofonico	Tutti
C	18-22	---	[Presto]	Imitativo	Tutti
A1	23-30	---	---	In dialogo/omofonico	Violino e fagotto/tutti
D	31-35	---	*Tardo*	Movimento parallelo	Violino e cornetto
D1	36-40	---	*Tardo*	Movimento parallelo	Trombone e fagotto
A2	41-49	---	[Presto]	Imitativo	Tutti
E	50-56	---	---	Movimento parallelo	Violino e cornetto
E1	57-66	---	---	Movimento parallelo/in dialogo	Trombone e fagotto
A3	67-70	[C] - $\frac{3}{1}$	---	Imitativo	Tutti
F	71-84	$[\frac{3}{1}]$	---	Omofonico	Tutti
F1	85-93	---	---	Movimento parallelo/in dialogo	Violino e trombone
F2	94-105	---	---	Movimento parallelo/in dialogo	Cornetto e fagotto
F3	106-108	---	---	In dialogo	Violino e trombone
F4	109-114	---	---	Movimento parallelo	Violino e cornetto
F5	115-119	---	---	Movimento parallelo	Trombone e fagotto
A4	120-128	C	---	Imitativo	Tutti

Se l'impianto generale della *Rizza* tradisce tendenze oramai affrancate dall'eredità tardo-cinquecentesca, un ulteriore elemento di modernità è riscontrabile sin nell'utilizzo del 'classico' ritmo di canzona che di fatto tende qui ad assumere sempre più la funzione d'*incipit* di vero e proprio soggetto tematico.

Es. n. V, canzon *La Rizza*, **soggetto tematico e mutazioni, parte di violino**

In confronto alla media dell'epoca appare poi particolarmente sviluppata la sezione in metro ternario (poco meno della metà del brano, misure 70-119), sezione che risulta poi anche essere completamente indipendente dal punto di vista motivico rispetto al resto della composizione. La cellula tematica è in questo caso ricavata dal tetracordo discendente *Fa-Mi* bemolle-*Re-Do*, diminuito poi nei passaggi a *solo* secondo modalità e schemi tipici dello strumentalismo dell'epoca. Si tratta del momento meno vincolato a una scrittura contrappuntistica, un tratto stilistico che accomuna invero *La Rizza* a tante altre *canzoni da sonar* del tempo. È qui più che altrove che Marini ricorre a differenti incastri sonori (combinazioni timbriche omogenee e miste) per quanto questo avvenga sempre nell'ottica di coppie di strumenti, quasi a voler dimenticare una reale scrittura a quattro parti. Un espediente quello della maggior diversificazione dei colori verosimilmente impiegato per compensare un tessuto musicale meno elaborato ma che allo stesso tempo tende inevitabilmente a proiettare il brano in una dimensione 'sonora' molto vicina a quella dell'allora nascente genere della sonata.

Per quanto musicalmente molto meno articolata della *Rizza*, anche *La Bombarda* (la seconda canzona della raccolta) si rivela per noi di un qualche interesse. Scritta per violino, cornetto e basso continuo, non presenta a differenza del caso precedente passaggi a mo' di ritornello (uno degli elementi più tipici dello strumentalismo veneziano), né tantomeno sezioni in ritmo ternario. Naturalmente la scelta di un tessuto musicale a due piuttosto che a quattro voci accentua ancora di più i nodi con la vera e propria sonata. Non si tratta di certo di una situazione isolata, ma se mai di lineamenti stilistico-compositivi che accomunano la maggior parte delle canzoni pensate per organici tipici della sonata stessa. Frangente che rende molto spesso assai flebili i confini tra le due forme musicali, che di fatto anche nell'uso terminologico tendono non di rado a sovrapporsi. D'altronde neanche la presenza o meno del 'classico' ritmo dattilico di canzona può essere considerata come un'effettiva discriminante tra i due generi strumentali perché a ben vedere questo tipo d'*incipit* informa molte sonate del tempo. L'esempio di Marini è lampante: delle venti sonate contenute nell'op. VIII – certamente la più importante e innovativa raccolta di musica strumentale del violinista bresciano – un quarto comincia con il ritmo di canzona nella sua forma 'pura', a cui se ne devono poi aggiungere quasi altrettante che impiegano analoghe strutture metriche in forme più o meno variate.[168] Nonostante appaia pericoloso generalizzare in un contesto in cui le fonti sono relativamente poche e la circolazione dei musicisti dovrebbe imporre altrettanta cautela nell'attribuire una tendenza a una scuola piuttosto che a un'altra, la mancanza di una parte di basso concertante in questa medesima canzona di Marini sembra suggerire un approccio meno in linea con l'ambiente musicale veneziano del tempo. In effetti, nel più ampio e variegato panorama della codificazione della sonata – e volendo dunque considerare anche tutti quei brani che al di là dell'effettive denominazioni concorrono alla definizione di questo repertorio – l'adozione di una scrittura a due parti di soprano prive di un basso obbligato potrebbe indicare consuetudini musicali maggiormente in sintonia con autori di area padana. Si vedano in particolar modo le sonate dei mantovani Salomone Rossi e Carlo Farina, lavori nei quali non si registra effettivamente nessun caso in cui sia affiancata al continuo un'autonoma parte di basso.[169] Si tratta in effetti di quel nutrito repertorio di composizioni oggi non di

168. Biagio MARINI, *Sonate, symphonie, canzoni, pass'emezzi, baletti, corenti, gagliarde, & ritornelli [...] con altre curiose & moderne inventioni* cit.
169. Più articolato l'approccio di Giuseppe Scarani, altro musicista originario di Mantova ma attivo se pur brevemente anche a Venezia. Delle diciotto composizioni che compongono le sue *Sonate concertate*, dodici sono a due parti e solo sei a tre; Giuseppe SCARANI, *Sonate concertate*, Venezia, Stampa del Gardano, appresso Bartolomeo Magni, 1630. Un discorso analogo valga per Giovanni Battista Buonamente, strumentista formatosi probabilmente alla scuola del Rossi ma del quale disponiamo solo composizioni apparse dopo la partenza da Mantova. Caso particolare di un non 'veneziano' è invece rappresentato dal violinista bresciano Giovanni Battista Fontana, la cui sola pubblicazione pervenutaci è composta da sei sonate a strumento solo, sei a due strumenti e sei per tre strumenti obbligati; Giovanni Battista FONTANA, *Sonate a 1. 2. 3. Per violino, o cornetto, fagotto chitarone, violoncino o simile altro istrumento* cit.

rado accomunate alla vera e propria sonata a tre, ma che nelle fonti del tempo sono solitamente accompagnate dall'appellativo «a 2». Terminologia evidentemente utilizzata all'epoca proprio per distinguere questi specifici brani strumentali da quelli che ricorrono a una reale tessitura a tre parti.[170] Un approccio quest'ultimo che corrisponde senza dubbio meglio – per citare nuovamente l'autore più rappresentativo dello stile concertato veneziano – alle più interessanti sonate di Castello. In ultimo, va aggiunto che proprio rispetto agli idiomi più tipici dello strumentalismo locale, *La Bombarda* di Marini non si segnala certo per l'impiego di una scrittura particolarmente esuberante. Un tratto stilistico che potrebbe ricordare le canzoni di Serafino Patta[171] e di Giulio Belli[172] (tra i primissimi autori a pubblicare brani strumentali oramai prossimi al genere della vera e propria sonata),[173] se non quelle dello zio Giacinto Bondioli.[174] Ma ancora una volta si tratta di elementi troppo generici per poter tirare delle conclusioni di una qualche pertinenza.

Il successivo gruppo di brani strumentali dell'op. II di Marini è costituito da componimenti denominati *Symfonia*. Sotto il profilo squisitamente terminologico l'impiego di una tale espressione non rientra pienamente nelle consuetudini della tradizione strumentale veneziana di primo Seicento. Senza voler entrare nel dettaglio dei singoli autori, è soprattutto in area lombardo-emiliana che tali 'forme' erano state coltivate sin dall'inizio del XVII secolo. La presenza di sinfonie tanto negli *Affetti musicali* quanto nella seconda pubblicazione di Marini rappresenterebbe dunque un tratto che rinvia nuovamente alle origini bresciane del musicista. Il riferimento più immediato potrebbe allora essere fatto con le sinfonie del concittadino Cesario Gussago, per quanto questi lavori condividano in realtà ben poco – al di là delle analogie lessicali – con lo stile musicale di Marini.[175] Più pertinente potrebbe se mai essere il raffronto con le prime due raccolte strumentali del mantovano Salomone Rossi.[176] Bisogna tuttavia

---

170. Sull'argomento si veda Niels M. Jensen, *Solo Sonata, Duo Sonata and Trio Sonata: Some Problems of Terminology and Genre in 17-Century Italian Instrumental Music*, in *Festskrift Jens Peter Larsen*, a cura di Nils Schiørring, Henrik Glahn, Carsten Hatting, Copenhagen, Hansen, 1972, pp. 73-101 – Sandra Mangsen, *The Trio Sonata in the Pre-Corellian Prints: When Does 3 = 4?*, in «Performance Practice Review», III, 1990, pp. 138-164.
171. Serafino Patta, *Sacrorum canticorum […] Liber secundus*, Venezia, Giacomo Vincenti, 1613.
172. Giulio Belli, *Concerti ecclesiastici*, Venezia, Bartolomeo Magni, 1613.
173. Cfr. Peter Allsop, *The Italian 'Trio' Sonata. From its Origins until Corelli* cit., p. 85.
174. Oltre alla già citata canzona contenuta negli *Affetti musicali*, sette brani di questo genere accompagnano l'op. V dello zio di Marini; Giacinto Bondioli, *Soavi fiori* cit. Una succinta disamina delle canzoni del Bondioli si trova in Thomas D. Dunn, *Lo zio oscuro: the Music of Giacinto Bondioli* cit., pp. 211-215.
175. Cesario Gussago, *Sonate a quattro, sei, et otto, con alcuni concerti à otto, con le sue sinfonie da suonarsi avanti, & doppo secondo il placito, & commodo de sonatori* cit.
176. Il gruppo delle sinfonie rappresenta la parte numericamente e musicalmente più importante di queste due pubblicazioni (quindici nel primo libro e ventuno nel secondo). La maggior parte di esse non rag-

essere ancora una volta cauti nell'attribuire a Marini dei precisi modelli e ad ogni modo se Rossi ha effettivamente svolto un qualche ruolo per la definizione stilistica di Biagio questo sarebbe individuabile, più che nei *Madrigali et symfonie*, nella sua precedente pubblicazione.[177] In effetti, le sinfonie dell'op. II di Marini denunciano nel loro complesso uno strumentalismo più articolato rispetto a quelle di autori della generazione precedente o semplicemente rispetto a quelle della sua prima raccolta. Tanto che in taluni casi risulta del tutto superfluo un loro confronto. Si considerino in primo luogo le sinfonie *La Finetta* e *La Grilla*, componimenti peraltro interessati dalla presenza dell'indicazione espressiva *Affetti*. A questo proposito è risaputo che la prima raccolta strumentale in cui si ricorre a un simile uso terminologico è l'op. I di Marini, seppur limitatamente al titolo della pubblicazione: *Affetti musicali*.[178] È invece proprio nei *Madrigali et symfonie* che tale lemma viene impiegato per la prima volta per richiamare particolari modalità esecutive. Per quanto restino non pochi dubbi sul reale significato che si debba conferire a questo tipo di prescrizioni (se ve n'era stato effettivamente uno solo),[179] non vi è dubbio che queste rispecchino convenzioni in linea con le più innovative tendenze musicali del primo Seicento; una prassi atta a trasporre e proiettare in contesti necessariamente privi di testo letterario accenti e inflessioni dell'estetica vocale più alla moda.[180] In un'ottica più generale si tratta di un'ulteriore conferma, per

---

giunge le trenta misure e adotta per lo più una struttura bipartita. La scrittura è sempre a due voci più basso continuo (per alcuni di questi brani sono tuttavia previste anche una parte di contralto e una di tenore *ad libitum*). Il relativamente semplice stile strumentale di queste sinfonie rimanda inequivocabilmente a modelli di danza; Salomone Rossi, *Il primo libro delle sinfonie et gagliarde*, Venezia, Ricciardo Amadino, 1607 – Id., *Il secondo libro delle sinfonie è gagliarde*, Venezia, Ricciardo Amadino, 1608.

177. Per brevità, per l'adozione di un linguaggio molto vicino a quello della musica di danza, come anche per la tendenza a privilegiare forme bipartite, alcune sinfonie dell'op. I di Marini possono effettivamente ricordare analoghi lavori di Salomone Rossi. Si vedano in particolare le sinfonie *La Candela*, *La Cornera* e *La Martinenga*; Biagio Marini, *Affetti musicali*, cit.

178. Su significato e portata del primato mariniano, cfr. Franco Piperno, *Biagio Marini. Affetti musicali* cit., pp. XIXX-XXX.

179. Cfr. David D. Boyden, *The History of Violin Playing from its Origins to 1761* cit., p. 171 – Franco Piperno, *Biagio Marini. Affetti musicali* cit., pp. XXVI-XXVIII – Doron D. Sherwin, *Scarani. 18 sonate concertate a due e tre voci (Venezia, 1630)*, Bologna, Ut Orpheus, 1998, p. IV.

180. Un'identica locuzione appare due volte nell'op. VIII di Marini: *Sonata prima a due violini* – *Sonata quarta per sonare due corde per il violino solo*; Biagio Marini, *Sonate, symphonie, canzoni, pass'emezzi, baletti, corenti, gagliarde, & ritornelli [...] con altre curiose & moderne inventioni* cit. Un solo caso si registra invece nell'ultima pubblicazione del musicista bresciano: *Sonata [per] violino e basso*; Id., *Diversi generi di sonate, da chiesa, e da camera* cit. I soli altri autori che utilizzano identiche espressioni sono a nostra conoscenza i già citati Dario Castello e Giuseppe Scarani, più Bartolomeo de Selma y Salaverde, musicista spagnolo attivo essenzialmente in area tedesca. Per il Castello si tratta di un solo esempio: *Sonata terza a doi soprani*; Dario Castello, *Sonate concertate in stil moderno [...] Libro primo*, cit. Per quanto riguarda lo Scarani si contano quattro brani: *Sonata terza à doi soprani* – *Sonata sexta à doi soprani sopra Re, Mi, Fa, Sol, La* – *Sonata decimaterza à tre* – *Sonata decimaquinta à tre*; Giuseppe Scarani, *Sonate concertate* cit.

utilizzare le parole di Franco Piperno, di quanto la natura «sfuggente, polivalente e caleidoscopica dello strumentalismo italiano» dell'epoca renda difficile inquadrare queste sfere musicali in modelli classificatori rigorosi ed impermeabili.[181] L'impiego disinvolto delle terminologie, l'adozione di linguaggi che s'incrociano e si sovrappongono in domini musicali apparentemente antitetici, la o le funzioni stesse di quei repertori, sono un chiaro segno dei limiti di un simile tipo d'operazione. Non pochi elementi tendono d'altronde a comprovare che queste due medesime sinfonie di Marini assecondino nella sostanza tratti e modelli tipici della stile strumentale veneziano. I relativamente lunghi passaggi a *solo* che caratterizzano questi suoi lavori sono in effetti del tutto assenti nella produzione del Rossi ed informano in maniera decisamente più sfumata l'idioma strumentale di altri musicisti di area padana come Farina, Buonamente, Scarani o Merula. Un elemento stilistico-formale che al contrario si rivela essenziale per la definizione della sonata veneziana d'inizio Seicento. L'esempio più lampante c'è ancora una volta offerto dalla produzione di Dario Castello o di Gabriele Usper, autori che però – è bene ricordarlo – iniziarono a pubblicare proprie sonate solo dopo l'uscita dei *Madrigali et symfonie* di Marini.[182] Va detto a onor del vero che anche le sonate a due e tre parti del bresciano Fontana si segnalano per l'adozione di una scrittura con lunghi passaggi solistici, sul modello di quanto riscontrabile in autori veneziani e più in particolar modo nei lavori del già citato Castello.[183] E sempre a proposito del Fontana non deve essere dimenticato che il suo unico libro di musica strumentale venne edito molti anni dopo il decesso del musicista, la cui opera appare dunque di difficile datazione.[184] Una situazione che, insieme al fatto che lo stesso Fontana fu sicuramente attivo a Venezia, dovrebbe invitare ad una certa prudenza qualora si voglia stabilire in maniera troppo unidirezionale possibili rapporti di assimilazione e filiazione fra tutti questi musicisti. Sotto questo particolare profilo della scrittura mu-

---

Infine, si segnala nuovamente un solo caso per quanto riguarda Bartolomeo de Selma: *Canzon [terza] a soprano solo*; Bartolomeo de SELMA, *Primo libro [di] canzoni, fantasie et correnti*, Venezia, Bartolomeo Magni, 1638. Un'ulteriore situazione ci è invece offerta dal violinista Francesco Rognoni che nel suo celebre trattato sull'arte della diminuzione utilizza l'espressione *affetti* in funzione del così detto *lireggiare affettuoso*, una particolare e specifica tecnica di colpo d'arco che non sempre può essere impiegata negli esempi precedentemente citati; Francesco ROGNONI, *Selva di varii passaggi, parte seconda*, Milano, Lomazzo, 1620, pp. 4-5.

181. Cfr. Franco PIPERNO, *Biagio Marini. Affetti musicali* cit., p. XXXI.
182. Nipote di Francesco, Gabriele Usper ci ha consegnato due sonate estremamente interessanti, entrambe edite in una raccolta di suo zio; Francesco USPER, *Compositioni armoniche*, Venezia, Stampa del Gardano, appresso Bartolomeo Magni, 1619.
183. Cfr. Peter ALLSOP, *The Italian 'Trio' Sonata. From its Origins until Corelli*, cit., pp. 100-101.
184. Pubblicato un decennio dopo la morte del Fontana, il libro può essere considerato come un'accurata selezione della produzione del violinista bresciano; Giovanni Battista FONTANA, *Sonate a 1. 2. 3. Per violino, o cornetto, fagotto chitarone, violoncino o simile altro istrumento* cit.

sicale *La Malipiera* è sicuramente il più interessante caso di 'sinfonia' della seconda raccolta di Marini. Qui il violinista bresciano non esita ad assegnare passaggi e situazioni di una qualche difficoltà esecutiva al *solo* del violino (misure 34-46), concedendo tuttavia anche all'intervento solistico del trombone un ruolo tutt'alto che marginale (misure 50-58). Ma la sinfonia *La Malipiera* assume ai nostri occhi anche un ulteriore e importante primato. Si tratta infatti del primo esempio oggi noto di musica per violino in cui compaiono passaggi a doppie corde. Questo particolare aspetto della tecnica violinistica è stato oggetto negli anni passati di un certo dibattito. Riassumendo si può dire che l'utilizzo di doppie o triple corde è stato generalmente riconosciuto come un elemento distintivo della tradizione strumentale tedesca del XVII secolo.[185] Gli italiani sarebbero sorprendentemente rimasti a lungo poco interessati a queste particolari pratiche esecutive. Solo all'epoca di Corelli il divario tra le due scuole sarebbe stato pienamente colmato. I rarissimi casi di lavori di musicisti provenienti dalla Penisola in cui si riscontrano elementi stilistici di questo genere si spiegherebbero unicamente come il frutto di loro frequentazioni dell'area centro-europea. Si pensi a Carlo Farina (violinista attivo alla corte di Dresda tra il 1625 e il 1628) ma anche allo stesso Marini e in particolare alla già citata op. VIII.[186] Più di recente è stato fatto osservare – se pur non riferendosi allo specifico caso della sinfonia *La Malipiera* – che in realtà non mancherebbero sin dal primo Seicento esempi di scrittura a doppie corde in componimenti di violinisti italiani unicamente attivi nel proprio paese. È il caso di Ottavio Maria Grandi e di una sua sonata apparsa in una raccolta edita nel 1628, dunque un anno prima della pubblicazione della 'tedesca' op. VIII di Marini.[187] Il divario tra le due scuole violinistiche potrebbe allora essere spiegato, più che attraverso ragioni di ordine tecnico-esecutivo, in funzione delle difficoltà incontrate dall'editoria italiana nel rispondere a queste specifiche esigenze musicali. È infatti evidente che imprimere più linee sullo stesso pentagramma risulta particolarmente complesso qualora vengano adottati i procedimenti della stampa a caratteri mobili. La tendenza in Germania a utilizzare la più versatile tecnica dell'incisione su lastra, nonché il fatto che nell'area

---

185. «The Germans developed certain special aspects of technique to a new peak of virtuosity. Their interest in the upper register of the violin, in elaborate double-stops, and in the *scordatura* produced results that were considerably above the level of the Italians from a purely technical point of view»; cfr. David D. Boyden, *The History of Violin Playing from its Origins to 1761* cit., p. 308.

186. «The *scordatura* and double-stops are the chief Germanisms in Marini's violin writing and appear only in Op. 8»; cfr. William S. Newman, *The Sonata in the Baroque Era* cit., p. 104.

187. Ottavio Maria Grandi, *Sonate per ogni sorte di stromenti*, Venezia, Stampa del Gardano, appresso Bartolomeo Magni, 1628. Malauguratamente del libro non si conserva più il fascicolo del violino primo, andato distrutto durante il secondo conflitto mondiale. Una parziale trascrizione di Gustav Beckmann permette tuttavia la lettura del passaggio in questione; cfr. Gustav Beckmann, *Das Violinspiel in Deutschland vor 1700*, Leipzig, Simrock, 1918, appendice, n. 4.

centro-europea si sia preservato rispetto all'Italia un numero maggiore di fonti manoscritte di musica per violino (è ovvio che in questo caso vengono a mancare tutti gli ostacoli per una realizzazione grafica di passaggi con accordi o bicordi), costituirebbero la reale spiegazione della 'supremazia' tedesca.[188] D'altronde che in Italia potesse essere del tutto sconosciuto un tal modo di suonare il violino appare poco credibile anche in mancanza di conferme di ordine documentario. In primo luogo sembra veramente difficile immaginare che il modo stesso di accordare lo strumento non potesse aver stimolato la fantasia di celebrati e riconosciuti virtuosi. In secondo luogo è principalmente (se non unicamente) all'Italia del Rinascimento che si può ricondurre l'uso della lira da braccio; strumento che – con tutti i distinguo necessari – per fattezze e modo di suonare non è poi così lontano dal violino. Com'è noto l'utilizzo della lira da braccio è il riflesso di una sofisticata pratica vocale in cui allo strumento in questione era assegnato il ruolo d'accompagnare la voce attraverso la realizzazione di armonie. Una tecnica esecutiva necessariamente incentrata sull'impiego di accordi che non poteva essere stata del tutto dimenticata dai violinisti italiani d'inizio Seicento. Non sfugga a tal proposito che il brano dell'op. VIII di Marini in cui si fa più largo ricorso a una scrittura di questo tipo s'intitoli – non casualmente – *Capriccio per sonare il violino con tre corde a modo di lira*.[189] Andrebbe inoltre tenuto presente (per fare nuovamente riferimento al contesto strumentale italiano che precede Marini) che tecniche di questo tipo appaiono nel repertorio della viola da gamba sin dai suoi esordi.[190] Dato che all'inizio dell'epoca barocca la figura dello strumentista non si era ancora del tutto specializzata (di solito chi sapeva suonare il violino era in grado quantomeno di maneggiare la viola da gamba e viceversa), risulta una volta di più poco plausibile precludere ai violinisti italiani del tempo tali consuetudini esecutive. Detto ciò, chi si aspettasse di trovare nella sinfonia *La Malipiera* passaggi particolarmente elaborati resterà deluso. In realtà non si tratta d'altro che di una semplice e breve formula cadenzale. L'esempio dovrebbe essere allora letto – e questo non è assolutamente in contrasto con quanto detto precedentemente – come l'espressione di una pratica dell'ornamentazione più ricca di quanto già non appaia attraverso la lettura dei manuali di diminuzione dell'epoca. È probabile infatti che passaggi di questo tipo venissero più o meno estempora-

---

188. Cfr. Peter ALLSOP, *Violinistic Virtuosity in the Seventeenth Century: Italian Supremacy or Austro-German Hegemony?*, in «Il Saggiatore Musicale», III, 2, 1996, pp. 233-258 – ID., *Un 'nuovo virtuosismo': la tecnica violinistica italiana del XVII secolo e l'ascesa tedesca*, in *Relazioni musicali tra Italia e Germania nell'età barocca*, atti dell'omonimo convegno (Lenno-Como, 11-13 luglio 1995), a cura di Alberto Colzani, Norbert Dubowy, Andrea Luppi e Maurizio Padoan, Como, Antiquae Musicae Italicae Studiosi, 1997, pp. 217-237.
189. Biagio MARINI, *Sonate, symphonie, canzoni, pass'emezzi, baletti, corenti, gagliarde, & ritornelli* [...] *con altre curiose & moderne inventioni* cit.
190. Silvestro GANASSI, *Regula rubertina*, Venezia, s.e [autore], s.d. [1542], «Recerchar primo», «Recerchar secondo», «Recerchar terzo» e «Recerchar quarto», pp. [44-48].

neamente improvvisati in corrispondenza delle cadenze principali e/o della chiusura dei brani. Non avrebbe altrimenti avuto molto senso, per rivenire al caso specifico della *Malipiera*, mettere per iscritto due sole misure in questo particolare stile strumentale in una composizione che ne conta più di cento (si veda l'esempio n. VI). A onor del vero va detto che Willi Apel aveva già segnalato in un suo saggio del lontano 1973 l'esistenza di questo peculiare passaggio della sinfonia *La Malipiera*.[191] Ciò dovrebbe far riflettere sulla necessità di avere sempre più a disposizione moderne edizioni critiche, strumento che rimane – nonostante sembri aver oggi perso il ruolo un tempo accordatogli – il mezzo principale per la conoscenza e la definizione dei repertori del passato.

Es. n. VI, sinfonia *La Malipiera*, parte di violino, misure 44-46

Un discorso non molto dissimile da quanto detto sulla ricezione del 'genere' della sinfonia valga anche per la musica di danza. Effettivamente i brani strumentali di derivazione coreutica non si segnalano certo per essere tra le principali convenzioni musicali veneziane del tempo. Gli autori locali di musica per insieme strumentale si erano essenzialmente indirizzati alla *canzon da sonar* prima e alla sonata poi. Non un caso che sia proprio il bresciano Biagio Marini il compositore attivo in quegli anni in città a dimostrarsi il più prolifico in tal senso. *In primis* con gli *Affetti musicali* ma anche e proprio con i suoi *Madrigali et symfonie* op. II.[192] In effetti, in questa fase la pubblicazione di musiche di danza si rivela ancora una volta come una caratteristica più specificatamente legata all'ambiente padano. In particolar modo poi per quanto riguarda il *milieu* strumentale mantovano, là dove emergono i lavori di Salomone Rossi, Giovanni Battista Buonamente e un po' più tardi di Francesco Todeschini. Un dato che tuttavia non dovrebbe essere necessariamente tradotto in una scarsa – se non inesistente – influenza dello stile di danza sugli autori di scuola veneziana. Basti ricordare quante sezioni ternarie di canzoni o di sonate siano sostanzialmente scritte secondo modelli della gagliarda o della corrente. D'altra parte il mercato musicale italiano dell'epoca coincideva sostanzialmente con quello veneziano. Difficile allora immaginare che le pubblicazioni di un Rossi o di un Buonamente non avessero avuto il benché minimo impatto sui compositori attivi in città. Ciò detto, se si considera l'intera produzione a stampa di Castello, Grillo, Picchi o di altri autori principalmente attivi a Venezia, è

---

191   Cfr. Willi APEL, *Studien über die frühe Violinmusik I*, in «Archiv für Musikwissenschaft», XXX, 3, 1973, p. 169.
192.   Cfr. Eleanor SELFRIDGE-FIELD, *Venetian Instrumental Music from Gabrieli to Vivaldi* (ed. it.) cit., pp. 129-130.

evidente quanto sia effimera la presenza di musica di danza nelle loro raccolte.[193] La mancanza di una vera e propria corte sul modello di quella mantovana (o di altri centri del Nord Italia come Milano, Parma o Modena), il fatto che il cuore della produzione musicale rimanesse essenzialmente ancorato alla basilica di S. Marco e che la maggior parte dei sovracitati musicisti trovasse là impiego (o in analoghe istituzioni musicali) sono comunemente lette come le cause di questo generale disinteresse. È tuttavia credibile che musica di danza – per quanto non pubblicata da autori autoctoni – venisse egualmente prodotta e consumata anche a Venezia.

Alla stregua delle tendenze più recenti, tutte le danze della seconda raccolta di Marini sono scritte per due o tre strumenti, più naturalmente l'accompagnamento del basso continuo. Tra quelle ideate come semplici movimenti isolati si segnalano solo due gagliarde e una corrente. Si tratta di brevi componimenti dalla consueta struttura bipartita, assolutamente non dissimili da analoghi lavori di autori d'inizio secolo nonché dello stesso Marini.[194] Tutte le altre danze contenute nei *Madrigali et symfonie* sono invece organizzate come delle piccole *suites*. Naturalmente questi ultimi brani sono quelli di maggiore interesse e su cui dunque vale la pena spendere qualche parola in più. A maggior ragione poi se si considera che i percorsi della sonata da camera e della *suite* di danza tendono, in maniera non dissimile da quanto detto per la sinfonia e la canzona, a incrociarsi se non addirittura a sovrapporsi. A tal proposito si è lungamente discusso sul fatto che disporre le danze in vere e proprie *suites* fosse all'inizio del Seicento prerogativa più della tradizione strumentale centro-europea che non di quella italiana. In effetti, nelle raccolte pubblicate a Sud delle Alpi le danze sono quasi sempre suddivise per tipo: per esempio prima tutto il gruppo delle gagliarde, poi tutto il gruppo delle correnti e così via. Va altresì aggiunto che il repertorio di danza contraddistingue l'editoria musicale tedesca dell'epoca in maniera molto più marcata rispetto alla coeva situazione italiana. In particolar modo poi per quanto riguarda i primi trent'anni del Seicento: più di cento pubblicazioni a fronte di appena una manciata di libri.[195] Il dato, di per sé già rilevante,

---

193. L'indagine qui condotta è confinata al solo repertorio per *ensemble*, i casi riguardanti strumenti a tastiera o a pizzico non vengono dunque considerati. Tenuto conto di questa discriminante, l'autore veneziano di primo Seicento più interessato a pubblicare danze per almeno due strumenti è – a nostra conoscenza – Martino Pesenti. Ma va altresì aggiunto che quest'aspetto della sua produzione strumentale è alquanto marginale rispetto al numero di brani di derivazione coreutica da lui composti per strumenti a tastiera; sull'argomento cfr. *ibid.*, pp. 143-144.

194. Chiudono gli *Affetti musicali* una gagliarda e due correnti stilisticamente del tutto coincidenti con i corrispettivi esempi dei *Madrigali et symfonie*. Altre danze contenute nell'op. I sono tre balletti e due brandi; Biagio MARINI, *Affetti musicali* cit.

195. Una lista degli autori di raccolte completamente o principalmente dedicate a generi di danza edite in Germania all'inizio del XVII secolo è riprodotta in Ernst M. MEYER, *Concerted Instrumental Music*, in *The New Oxford History of Music*, vol. IV, *The Age of Humanism (1540-163)*, a cura di Gerald Abraham,

non si riduce a una semplice valenza numerica perché le danze dei compositori italiani tendono in questa fase a coincidere con la parte più leggera dei rispettivi repertori.[196] Nel panorama strumentale tedesco si avverte al contrario una generale propensione ad assecondare scritture relativamente complesse, talora caratterizzate dall'impiego di strutture d'impianto fugato nonché da tecniche derivate dall'utilizzazione di materiali musicali preesistenti, sul modello del *cantus firmus*. Un approccio compositivo che evidentemente rimanda a generi musicali ben più elaborati che non quelli della vera e propria musica di danza.[197] Altro importante tratto distintivo della 'scuola' tedesca riguarderebbe poi tutte quelle *suites* in cui le differenti danze sono collegate tra loro tematicamente. Si segnalano – per rimanere in termini cronologici vicini all'anno di pubblicazione dell'op. II di Marini – quelle di Paul Peuerl[198] e quelle di Johann Hermann Schein.[199] Solamente nella seconda parte del secolo, in coincidenza della definizione di modelli che preludono oramai la codificazione della sonata corelliana, stilemi musicali di questo genere diverrebbero familiari anche per i musicisti italiani.[200] In realtà questo discorso dovrebbe essere affrontato in maniera meno perentoria perché, sebbene numericamente poco rilevanti, non è del tutto vero che nel contesto strumentale italiano di primo Seicento non appaiano delle vere e proprie *suites*, né tanto meno che non esistano esempi di raccolte italiane in cui siano presentati gruppi di danze tematicamente coerenti tra loro.[201] Per quanto poco noto, il caso dei *Madrigali et symfonie* di Marini rientra proprio in quest'ultima casistica.[202] D'altro canto si potrebbe poi comunque aggiungere che, anche qualora le danze italiane siano ordinate per genere, nulla vieta di pensare che al momento della loro esecuzione non venissero assemblate in maniera simile a quanto accadeva in Germania. Appare pertanto credibile che queste supposte differenze tra ambiente italiano e tedesco siano – se non totalmente, almeno in parte – il riflesso di convenzioni editoriali più che la rappresentazione di opposte pratiche musicali.

Oxford, Oxford University Press, 1968, traduzione italiana a cura di Francesco Bussi, *La musica strumentale concertata*, in *L'età del Rinascimento*, Milano, Feltrinelli, pp. 639-640.

196. Un discorso diverso valga per il mantovano Carlo Farina, autore di cinque raccolte essenzialmente dedicate a musica di danza che per stile e scelta di generi rimandano però all'ambiente musicale centro-europeo; cfr. Aurelio Bianco, «*Nach englischer und frantzösichert Art*». *Vie et œuvre de Carlo Farina*, Turnhout, Brepols, 2010.
197. *Ibid.*, pp. 80-118.
198. Paul Peuerl, *Neue Padovan, Intrada, Däntz und Galliarda* [...], Nürnberg, Abraham Wagenmann, 1611.
199. Johann Hermann Schein, *Banchetto musicale*, Leipzig, Abraham Lamberg e Caspar Kloseman, 1617.
200. Cfr. John Daverio, *In Search of the Sonata da camera before Corelli*, in «Acta musicologica», LVII, 1985, pp. 198-199.
201. Cfr. Sandra Mangsen, *The "Sonata da camera" before Corelli: a Renewed Research*, in «Music & Letters», LXXVI, 1995, p. 25 – Peter Allsop, *Cavalier Giovanni Battista Buonamente. Franciscan Violinist*, Aldershot, Ashgate, 2005, pp. 126-131.
202. Altri componimenti di Marini organizzati sul modello della *suite* di danza si trovano nell'op. III e nell'op. XVI; Biagio Marini, *Arie, madrigali et correnti* cit. – Id., *Concerto terzo delle musiche da camera* cit.

Il gruppo delle *suites* dell'op. II di Marini è unicamente articolato sui binomi sinfonia-balletto e balletto-corrente.[203] Naturalmente il genere della sinfonia non rientrerebbe a pieno titolo negli ambiti della musica di danza. Tuttavia lo stile di questi 'movimenti' non sposta nella sostanza i termini della questione. Se mai si rivela come un ulteriore elemento indicatore di quanto sia difficile inquadrare in maniera categorica generi e terminologie nel contesto strumentale di primo Seicento. Con le sue 114 misure, che corrispondono poi a una sonata di medie-grandi proporzioni del tempo, il caso più interessante di *suite* della raccolta ci è offerto dalla *Sinfonia e balletto a 3 La Philippi*. La struttura del brano permette di cogliere appieno la varietà del linguaggio strumentale di Marini. La sintesi degli stili appare in effetti ancora una volta come il frutto dell'elaborazione di tendenze locali ma anche di elementi appartenenti ad altre tradizioni musicali. In tal senso si può segnalare l'adozione di modelli chiaramente derivati dalla tecnica della variazione. Un tratto idiomatico della scuola strumentale lombardo-emiliana accolto solo in parte dagli autori di musica strumentale attivi a Venezia all'inizio del Seicento.[204]

Es. n. VII, sinfonia e balletto *La Philippi*, parte di *Canto primo*, misure 1-5 e 24-27

Lo sforzo di rendere unitario il percorso musicale di questa *suite* passa tuttavia anche attraverso altri *escamotages* che non siano solo quelli della semplice variazione tematica. L'*incipit* della *Philippi* è infatti riproposto da Marini a mo' di ritornello (misure 103-108), poco prima della chiusa finale del brano. Una situazione che ricorda una volta di più l'organizzazione formale di molte canzoni ma soprattutto di molte sonate veneziane del tempo. La ripetizione d'intere sezioni e/o di sotto sezioni è difatti uno dei più efficaci espedienti adottati da Castello per assicurare maggiore coesione formale alle proprie sonate. Pochi dubbi poi sul fatto che queste *suites* di Marini debbano essere intese come espressione di una pratica strumentale oramai avulsa da effettivi movimenti coreogra-

---

203. Nei differenti libri parte il raggruppamento sinfonia-balletto è tuttavia presentato anche come *Balletto e symfonia* oppure *Symfonia o balletto*.
204. L'argomento è ben affrontato in Peter ALLSOP, *The Italian 'Trio' Sonata. From its Origins until Corelli* cit., pp. 107-125. Una situazione del tutto analoga riguarda anche *Il Seccho*, l'ultimo brano della raccolta, dove balletto e corrente utilizzano il medesimo materiale tematico.

fici. Se infatti le danze indipendenti della raccolta possono tradire una scrittura non particolarmente idiomatica che può ancora rispondere a esigenze di ordine coreutico, le *suites* risultano nel loro insieme troppo irregolari per essere considerate come vera musica da ballo. Anche se in questa fase il divario tra danza funzionale e danza stilizzata resta labile, le figurazioni in ritmo puntato della sezione centrale della *Philippi* (misure 49-69) tradiscono uno stile che, per quanto non particolarmente virtuosistico, si allontana dai *clichés* del vero e proprio repertorio di danza. Da notare poi quanto queste medesime figurazioni ricordino una sezione della sonata *L'Aguzzona*, certamente uno dei più interessanti brani della precedente raccolta di Marini (si vedano gli esempi n. VIIIa e n. VIIIb).[205] A nostro avviso un chiaro elemento indicativo di questi processi di stilizzazione della musica di danza e allo stesso tempo un'ulteriore testimonianza della permeabilità dei generi strumentali del tempo. In effetti viene quasi spontaneo domandarsi quali siano le reali differenze tra questa *suite* di Marini e molti dei brani che ricorrono effettivamente alla denominazione 'sonata'.

Es. n. VIIIa, sinfonia e balletto *La Philippi*, misure 55-58

Es. n. VIIIb, sonata *L'Aguzzona* per due violini e fagotto, misure 64-66

---

205 «Sonata L'Aguzzona à 3. Doi violini e fagotto»; Biagio MARINI, *Affetti musicali* cit.

Lionello Spada, *Concerto*, olio su tela, Parigi, Musée du Louvre.
© RMN-Grand Palais (musée du Louvre) / Stéphane Maréchalle

Pietro Paolini, *Concerto*, olio su tela, Parigi, Musée du Louvre.
© RMN-Grand Palais (musée du Louvre) / René-Gabriel Ojéda

4. CONSIDERAZIONI SULLA RICOSTRUZIONE DEL BASSO CONTINUO

La perdita del libro-parte del basso continuo in una raccolta così multiforme – oltre a impedire una moderna esecuzione delle musiche – rende inevitabilmente ostica un'indagine sulla materia musicale. Ma è proprio la varietà imposta dall'autore come prerogativa dei suoi *Madrigali et symfonie* a indicare in un qualche modo i procedimenti per la reintegrazione della parte mancante. In effetti, la gamma di generi e forme permette di rivolgere facilmente lo sguardo ad esempi vicini per contesto culturale e periodo. La natura bivalente di quest'opera, tale da accogliere in sé una metà vocale e un'altra assegnata a componimenti strumentali, ne fa un oggetto composito anche sotto il profilo squisitamente bibliologico: l'edizione a fascicoli separati, affine nel formato e nella distribuzione in libri-parte di raccolte di madrigali o di antologie di musica polistrumentale, costituisce un indubbio limite all'organizzazione grafica di un contenuto così eterogeneo e aggiunge alla serie di interrogativi sull'accompagnamento anche l'incognita del suo aspetto editoriale. È comunque plausibile immaginare che il fascicolo del basso continuo potesse includere, oltre le più indispensabili informazioni per l'esecutore, anche il rigo della parte cantata, perlomeno per quanto riguarda brani come il recitativo d'esordio *Le carte in ch'io primier scrissi e mostrai* o il dialogo *Deh non coglier più fiori*.[206] Un discorso analogo valga anche per i componimenti strumentali a

---

206. Rammentiamo, a titolo di esempio, che nel Settimo libro di Monteverdi (lavoro peraltro apparso presso il medesimo editore di Marini), il fascicolo di basso continuo riporta generalmente la sola linea grave corredata da una più che sobria cifratura. Fanno eccezione i madrigali monodici come la *Lettera* e la *Partenza amorosa* o il ballo *Tirsi e Clori* (dove al continuista è presentata in partitura anche la parte vocale della sezione in dialogo) e le canzonette *Amor che degg'io far* e *Chiome d'oro* (che riportano i ritornelli affidati al violino); cfr. Claudio MONTEVERDI, *Concerto. Settimo libro de madrigali* cit.

maggiore vocazione solistica (o comunque sia là dove si registrano più o meno lunghi passaggi a *solo*), si veda in tal senso la sinfonia *La Malipiera*.[207]

Com'è facilmente intuibile, la ricostruzione del continuo si è rivelata tanto più agevole quanto maggiore è il numero delle parti (vocali o strumentali) impegnate nel discorso musicale. Nei casi di più difficile risoluzione si è deciso di prendere a modello non solo composizioni mariniane corrispondenti ai primi anni della carriera del musicista bresciano ma anche quelle di autori a lui prossimi per autorità, stile, vicinanza geografica e temporale. Così per i brani vocali si è inevitabilmente fatto ricorso ad analoghi componimenti di Claudio Monteverdi, Marc'Antonio Negri, Alessandro Grandi o ancora di Sigismondo d'India. Sul versante strumentale (oltre allo stesso Marini) è apparso naturale volgere lo sguardo ad altri compositori/strumentisti di ambiente veneto quali Giovanni Battista Fontana e Dario Castello ma anche (in considerazione della specificità di talune tipologie strumentali) a musicisti di area padana, primi fra tutti Salomone Rossi. Ha reso il compito ancor più interessante e stimolante anche il tenere ben presente tutto il sistema di tipologie di continuo vigente all'inizio del secolo: un'entità mobile, capace di ricalcolare ogni volta la propria funzione, ridisegnare il percorso e (specie nella sua prima fase di sviluppo) presentarsi nel prodotto editoriale con nomi differenti proprio a seconda e in funzione del compito svolto.

Partendo da questi presupposti, la materia d'accompagnamento strumentale identificata fra le diverse tipologie dei brani vocali del libro può essere grossomodo classificata in due grandi gruppi: *Basso continuo* (a sua volta suddiviso in due distinte categorie, quella di tipo *recitativo* e quella di tipo *misurato*) e *Basso seguente* (le tabelle poste qui di seguito schematizzano la o le articolazioni proprie a ogni brano vocale della raccolta). Al primo gruppo appartengono in prevalenza componimenti, o sezioni di un brano, in cui il numero delle voci è variabile ma fra queste è sempre assente una parte concertante di basso. La linea d'accompagnamento adatta la propria 'mensuralità' a seconda della scrittura vigente. Essa si declina pertanto a partire da una condizione di totale subordinazione alla prosodia del brano recitativo,[208] per arrivare al lato estremo a episodi in cui la componente ritmica è più marcata, talvolta con un'evidente ascendenza di tipo coreutico. Situazione quest'ultima che conferisce inevitabilmente alla parte di continuo una certa autonomia di comportamento melodico e strutturale, fino a snodarsi in episodi passeggiati dall'attitudine affatto strumentale.[209] Un'evidente

---

207. Situazioni di questo genere sono riscontrabili nell'op. I dello stesso Marini: «La Orlandina symfonia per un violino ò cornetto e basso se piace», «La Gardana symfonia per un violino ò cornetto solo» e «La Caotorta gagliarda a 2. violino è basso»; Biagio MARINI, *Affetti musicali* cit.
208. Si veda ad esempio *Le carte in ch'io primier scrissi e mostrai*, dove ai pochi accordi è affidato il delicato compito di sorreggere la pronuncia del sonetto.
209. È il caso di *Non t'en fuggir*.

Tavola VIIa ⋘ Basso continuo

Recitativo	Misurato
Le carte in ch'io primier	*Vezzosi augelli*
	Perché fuggi
	Non te'n fuggir
	Perché credi
	S'io non ti toglio
	Deh non coglier più fiori
	Misero me son morto (miss. 1-24)
	O care stille (miss. 27-35)
	Anzoletta del ciel (miss. 11-21)
	Chi quella bella bocca (miss. 1-6, 14-30, 36-45)

Tavola VIIb ⋘ Basso seguente

Questi languidi fiori
Misero me son morto (miss. 25-fine)
O care stille (miss. 1-26, 36-fine)
Anzoletta del ciel (miss. 1-10, 22-fine)
Chi quella bella bocca (miss. 7-13, 30-35, 46-fine)
Se nel sereno viso

gradualità di funzioni e attitudini, peraltro copiosamente testimoniata nella produzione musicale coeva (si vedano i facsimile n. I-III in appendice del paragrafo). Nella categoria di *Basso seguente* sono invece elencate le composizioni in cui le note del continuo coincidono con quelle del basso. Qualora quest'ultima parte sia assente, il basso continuo ripercuote la più grave fra le voci implicate in quel momento (quasi sempre quella di tenore). In ottemperanza a un tipico idiomatismo delle parti d'accompagnamento dalla fine del XVI secolo fino almeno alle soglie del Settecento, il continuo ricavato dalla linea di basso è spesso semplificato ritmicamente rispetto alla linea grave concertante (si veda il facsimile n. IV in appendice del paragrafo). A stabilire il tipo di azione ricostitutiva della partitura vocale non è stato però soltanto l'esame della quantità di voci coinvolte o il loro andamento ma anche e soprattutto la scelta poetica che ne sta alla base. Lo si può facilmente evincere dal modo in cui si differenziano nella scrittura alcuni brani che condividono uno stesso numero di parti ma non lo stile, la metrica, l'autore del testo poetico, il soggetto narrato.

Nella porzione dedicata alle composizioni strumentali, Marini sembra dominare una maggiore sintesi fra le varie gamme di accompagnamento. Senza rinnegare alcuno dei modelli stilistici in voga ai suoi tempi, la funzionalità del continuo viene applicata non a partire dalla massa sonora (o dall'organico) ma secondo la forma adottata. Similmente a quanto previsto nel tessuto dei madrigali, i brani strumentali che includono una parte grave lasciano percepire immediatamente la linea mancante. Questa situazione afferisce soprattutto agli archetipi di sinfonia o di danza, che sono poi le forme strumentali maggiormente rappresentate nella raccolta. Un caso particolare è invece offerto dalla canzona *La Bombarda*, componimento che prevede unicamente due strumenti acuti in imitazione concertante. Frangente che determina inevitabilmente una parte di sostegno armonico del tutto autonoma e per nulla avvertibile nel testo. Questo continuo di tipo 'indipendente' è similmente applicato in tutte quelle sezioni dei brani in cui si registrano misure di momentanea pausa della voce di registro grave. L'alternanza con il basso seguente si presenta in maniera più articolata nell'esordio della canzona *La Rizza*, che è poi il brano strumentale più esteso e più diversificato nello svolgimento così come nella sostanza del continuo. Nell'*incipit* della *pièce*, in maniera non dissimile da quanto si verifichi nella sinfonia *La Finetta*, l'esposizione fugata ha implicato l'uso di «bassetti», ossia il raddoppio delle voci da parte del continuo. Procedimento che non ha avuto altre occasioni d'impiego nel resto della raccolta. In sporadici momenti si è anche concesso un qualche ruolo di ordine contrappuntistico alla parte ricostruita. È il caso delle primissime misure della già citata sinfonia *La Finetta*, dove l'esposizione imitativa delle voci superiori ci ha indotto a ricreare una parte di continuo che, una volta svolto il compito di raddoppio polifonico, si inserisce nella trama come voce autonoma (si veda l'esempio n. IX). Situazioni non molto dissimili sono d'altra parte riscontrabili nel coevo repertorio strumentale. A titolo d'esempio si possono citare le prime misure della *Sonata d'invenzione per il violino solo*, componimento tratto dall'op. VIII dello stesso Marini.[210]

---

210. Biagio MARINI, *Sonate, symphonie, canzoni, pass'emezzi, baletti, corenti, gagliarde, & ritornelli* [...] *con altre curiose & moderne inventioni* cit.

Es. IX, sinfonia *La Finetta*, misure 1-3 (trombone *tacet*):

Nel provvedere alla ricostituzione di questa sostanza musicale, che inevitabilmente in un'opera di questo genere è allo stesso tempo terreno di coltura e conseguenza del discorso, si raggiunge un nuovo punto di osservazione della scrittura mariniana e del suo vocabolario stilistico, nonché dell'organizzazione generale del libro stesso. Se, rispetto alla massa sonora, i *Madrigali* sono presentati in ordine progressivamente crescente, le *Symfonie* seguono un percorso opposto. Così alle cinque voci cantanti di *Chi quella bella bocca* (brano in cui si innesta un passaggio di violini, quasi a voler posare il germe della sezione successiva) è affiancata la *Rizza*, che con le sue quattro voci concertanti prelude – invero in una successione meno lineare rispetto a quanto si verifichi nella parte vocale – a componimenti in cui interagiscono un minor numero di strumenti.

Si segnala in ultimo, per quanto la numerica del continuo costituisca necessariamente un elemento integrante e imprescindibile della parte, che si è scelto di applicare alla voce ricostituita una cifratura essenziale. Del resto, i libri-parte di basso continuo nella musica vocale e strumentale di quegli anni evidenziano una numerica alquanto limitata, perlopiù costituita da prescrizioni concernenti la terza dell'accordo. Una deliberata moderazione nel fornire al lettore informazioni strettamente necessarie che permetteva di semplificare al massimo i segni di alterazione o cifre, dati evidentemente per scontati o comunque sia facilmente deducibili dal suonatore. Tuttavia, in determinati passi dell'edizione qui presentata si è imposto un maggiore dispiego della numerica, ovvero in quelle occasioni in cui ci si è trovati di fronte a diverse possibili soluzioni di riscrittura del continuo stesso. Riguardo a questi casi – riscontrabili particolarmente nelle composizioni di organico ridotto – alcune cifre sono state inserite allo scopo di rendere più manifesta la soluzione adottata e, in un certo modo, anche per giustificare le scelte fatte. Nondimeno, anche in questo caso ci si è attenuti il più possibile alle forme espositive rilevate nei fascicoli di continuo di raccolte edite in ambiti geografici e cronologici prossimi ai *Madrigali e symfonie* di Marini.

Appendice

Facsimile n. I: a voce sola (stile recitativo).
Claudio Saracini, *Le seconde musiche*, Venezia, Alessandro Vincenti, 1620, *Udite lagrimosi spirti*, incipit.
Museo internazionale e biblioteca della musica di Bologna, BB.309
(International museum and library of music of Bologna)

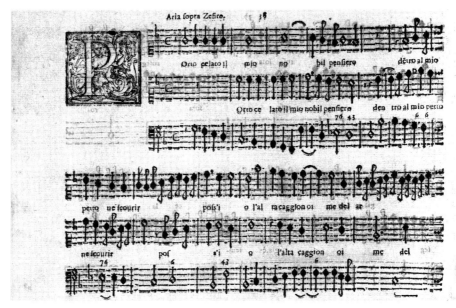

Facsimile n. II:
Madrigale a una o due voci (dialogo).
Sigismondo d'India, *Le musiche a due voci*, Venezia, Ricciardo Amadino, 1615,
Porto celato il mio nobil pensiero (*Aria sopra Zefiro*), finale.
© Paris, Bibliothèque nationale de France, RES F- 206

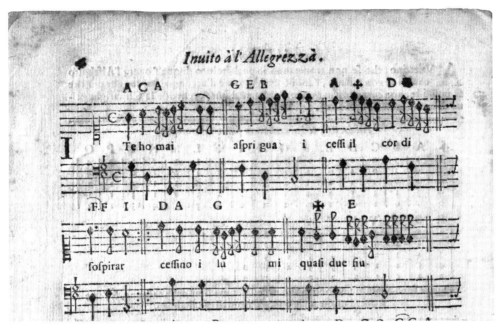

Facsimile n. III: madrigale o canzonetta a una o due voci (passeggiato, coreutico).
Biagio Marini, *Scherzi musicali*, Parma, Viotti, 1622, *Ite homai* (*Invito à l'allegrezza*), incipit.
Museo internazionale e biblioteca della musica di Bologna, AA.238
(International museum and library of music of Bologna)

Facsimile n. IV: madrigale a tre e più voci (basso seguente e basso seguente semplificato).
Marc'Antonio Negri, *Affetti amorosi* [...] *Libro secondo*, Venezia, Ricciardo Amadino, 1611,
Ecco l'hora (*Nella partita dell'Amante*), incipit.
Bruxelles, Bibliothèque Royale, Fétis 2361c

Leandro dal Ponte (detto Bassano), *Concerto*, olio su tela, Firenze, Galleria degli Uffizi.
© Archives Alinari, Florence, Dist. RMN-Grand Palais / Nicola Lorusso

5. IL LIBRO

≪ ≫

Originalmente costituiti da quattro fascicoli in 4° di pagina, dei *Madrigali et symfonie* di Biagio Marini si conservano unicamente i libri-parte del Canto I, del Canto II e del Basso.

≪ *Le fonti*:

Canto I – Bologna, Museo Internazionale e Biblioteca della Musica (*I*-Bc), AA236.
Canto II – London British Library (*GB*-Lbl), Shelf n. C123.e.
Basso – Krakow, Jagellonian Library (*PL*-Kj), Mus. Ant. Pract. M. 275.
Basso – Berkeley, University of California Music Library (*US*-BEm), M1490.M285 op 2. p musi case x (solo quattro pagine).

Fascicolo I:

CANTO P.
[A]-A2-A8-[A16]:

Due pagine non numerate (frontespizio e lettera dedicatoria)

Ventinove pagine numerate progressivamente a partire da 1 di cui: la ventisettesima come 28 (la ventottesima nuovamente come 28)

Una pagina non numerata (ultimo brano e tavola)

Alle pagine 3, 7 e 11 la segnatura è preceduta dalla dicitura: «Symphonie è Mad. di Biasio Marini Lib. 2. A 1. 2. 3. 4. 5.»

Alla pagina 11 la segnatura è seguita da: «Finis»

Fascicolo II:

CANTO S.

B-B7-[B14]:

Due pagine non numerate (frontespizio e lettera dedicatoria)

Ventiquattro pagine numerate (ad eccezione della quattordicesima) progressivamente a partire da 1 di cui: la sedicesima come 18, la diciassettesima come 19 (la diciottesima e la diciannovesima nuovamente come 18 e 19), la ventitreesima come 25

Una pagina non numerata (tavola)

Alle pagine 3, 7 e 11 la segnatura è preceduta dalla dicitura: «Symphonie è Mad. di Biasio Marini Lib. 2. A 1. 2. 3. 4. 5.»

Alla pagina 11 la segnatura è seguita dalla dicitura: «Finis»

Fascicolo III:

BASSO (PL-Kj)

C-C5-[C11]:

Due pagine non numerate (frontespizio e lettera dedicatoria)

Diciassette pagine numerate progressivamente da 1 di cui: la settima come 9 (la nona nuovamente come 9), la quattordicesima come 24, la quindicesima come 28

1 pagina non numerata (ultimo brano e tavola)

Alle pagine 3 e 7 (9 nell'originale) la segnatura è preceduta dalla dicitura: «Symphonie è Mad. di Biasio Marini Lib. 2. A 1. 2. 3. 4. 5.»

Alla pagina 7 (9 nell'originale) la segnatura è seguita da: «Finis»

BASSO (US-BEm)

Solo carte C5-[C6]:

4 pagine numerate 7, 10, 11 e 10 (mentre in PL-Kj 9, 8, 9, 10)

Alla pagina 7 la segnatura è preceduta dalla dicitura: «Symphonie è Mad. di Biasio Marini Lib. 2. A 1. 2. 3. 4. 5.»

Madrigali et Symfonie

≪ Frontespizio

Canto P. [dentro cornice tipografica] | MADRIGALI | ET SYMFONIE | A una 2. 3. 4. 5. | DI BIAGIO MARINI | Musico della Serenissima Signoria | Di Venetia. | *Et fra gli Agitati L'Accademico risonante.* | OPERA SECONDA | Sagrata in protettione | AL MOLTO ILLUSTRE SIG. GIOSEPPE | Tedoldo Catani. Mastro delle Poste per | La Maestà Sacra del Rè di Boemia | [Stemma tipografico] | STAMPA DEL GARDANO | IN VENETIA MDCXVIII | *Appresso Bartholomeo Magni.*

≪ Lettera dedicatoria

[Fregio tipografico] | MOLTO ILLUSTRE | SIGNOR OSSERVANDISSIMO | [Fregio tipografico] | AMBITIOSO Oltremodo di far acquisto | della singolar protettione di V.S.M. illu- | stre riverentemente appendo al gentilis- | simo suo nome queste mie (quali si siano) | musicali fatiche dichiarandomi del rollo | de' suoi humilissimi Servitori. Non sde- | gni V.S. ch'io poco appenda á suoi gran | merti, come apunto il Monarca delle sfere | picciol lampa non sdegna, benche à suo prò risplenda eterno il So- | le. Et qui facendo passaggio à pregarle cumulo di felicità, taccio | le sue lodi, riserbandomi più convenevole, & atto campo, che d'an- | gusto Foglio, per isprimerle, & le bascio le Splendidissime mani. | Di Vinegia il Primo Maggio. M. DC. XVIII. | D.V.S.M. Illustre. | Divotissimo. Servo | Biagio Marini.

≪ Tavola dei brani

TAVOLA

Le Carte in ch'io primier scrissi		1	*La Rizza*	Canzon A 4	16
Vezzosi Augellini		2	*La Cominciola*	Synfonia è B. A 3	18
Perche fuggir	Voce sola	3	*La Finetta*	Symfonia A 3	19
Non ten fuggir	Voce sola	4	*La Grimani*	Symfonia è Balet. A 3	20
Perche credi ò mio cor	A 2 Ten.	5	*La Bombarda*	Canzon A 2	22
S'io non ti toglio un bacio	A 2 Ten.	6	*La Rossa*	Gagliarda A 3	23
Questi languidi fiori	A 2 C. è B.	7	*La Malipiera*	Symfonia A 2	24
Dhe non coglier	Dialogo A Doi	8	*La Grylla*	Symfonia A 2	26
Misero me son morto	A 3	9	*Il Grimani*	Bal e Simf A 3	27
O chare stille	A 3	10	*La Scistina*	Cor. A 3	28
Anzoletta del Ciel, alla Venetiana	A 3	11	*La Roccha*	Gagliarda A 2	29
Se nel sereno Viso	A 5	12	*Il Seccho*	Balletto Corrente A 2	30
Chi quella bella bocha	A 5	14		IL FINE	

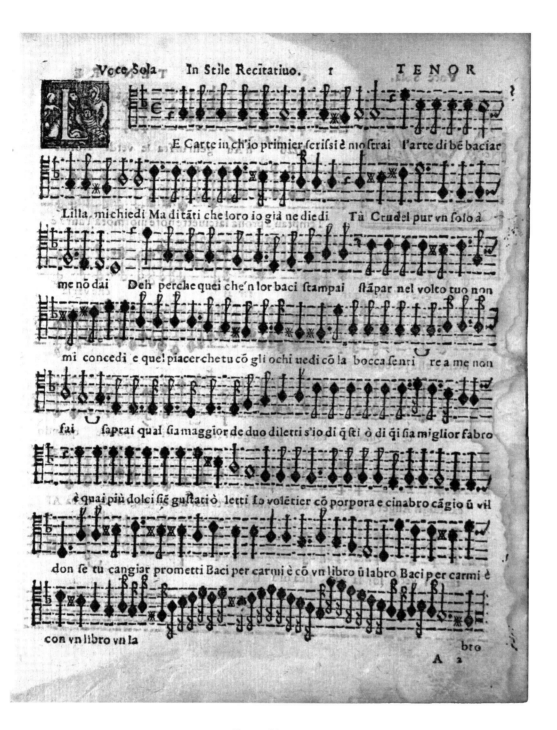

Biagio Marini

Madrigali et symfonie

fascicolo del *Canto primo, Le carte in ch'io primier scrissi e mostrai*

Bologna, Museo Internazionale e Biblioteca della Musica, AA236
(International museum and library of music of Bologna)

6. I TESTI POETICI

Norme editoriali

Punteggiatura, interpunzione

La scarsità di segni di interpunzione è stata ovviata mediante una essenziale integrazione.

Latinismi, forme obsolete

Sono sempre stati conservati i casi di h etimologica perché nelle fonti l'uso si incontra generalmente uniformato. Tale scelta è fatta anche per agevolare future operazioni di indicizzazione o di ricerca testuale.
Si è invece optato per la modernizzazione dell'oscillazione grafica di v, u e di j.
Sono generalmente state emendate le forme obsolete («hebeno»), con l'eccezione di alcuni casi in cui la conservazione della lezione originale («veneno», «labro») è motivata da una particolare contestualità poetica.

Uso delle maiuscole e minuscole

Sono state mantenute le iniziali maiuscole riguardo a deità («Amore», «Venere») e nomi propri di persona («Lilla»). Nei restanti casi sono state normalizzate secondo l'uso attuale e introdotte dopo i punti fermi.

Accentazione, troncamenti

L'accentazione è emendata secondo l'uso attuale (in particolare le forme pleonastiche «mè», «tù» = «me», «tu»). Per l'esclamazione vocativa si conserva l'oscillazione *o/oh*, mentre si modernizza ò. L'apocope del sostantivo *fede* è uniformata con accento grave («fè»). Si è conservato o introdotto l'apostrofo nei casi di elisione e troncamento (es. «de miei» =«de'miei»).

Biagio Marini

Abbreviazioni, raddoppi consonantici

Le abbreviazioni sono state sciolte («nõ» = «non», «doña» = «donna»). Si sono adeguati all'uso moderno i raddoppi consonantici.

Trascrizione del testo vernacolare

In considerazione dell'estrema varietà formale rilevata nelle varie edizioni del sonetto di Maffio Venier, nonché per l'assenza di una fonte poetica coeva, si è ritenuto di adottare la grafia riportata nell'edizione a stampa dei *Madrigali et symfonie*.

Trascrizione dei testi

1.

Le carte in ch'io primier scrissi e mostrai
l'arte di ben baciar Lilla mi chiedi,
ma di tanti che loro io già ne diedi
tu crudel pur un solo a me non dai.

Deh perché quei che'n lor baci stampai
stampar nel volto tuo non mi concedi?
E quel piacer che tu con gli occhi vedi
con la bocca sentire a me non fai?

Saprai qual sia maggior de' duo diletti
s'io di questi o di quei sia miglior fabro,
e quai più dolci sien, gustati o letti.

Io volentier con porpora e cinabro
cangio un vil don, se tu cangiar prometti
baci per carmi e con un libro un labro.

GIOVANNI BATTISTA MARINO, *La Lira*, Venezia, Giovanni Battista Ciotti, 1616, n. 74: «Madonna chiede versi di baci», p. 46.

2.

Vezzosi augelli infra le verdi fronde
tempran'a prova lascivette note,
mormora l'aura e fa le foglie e l'onde
garrir che variamente ella percote.
Quando taccion gli augelli alto risponde,
quando cantan gli augei più lieve scote;
sia caso od arte hor accompagna et hora
alterna i versi lor la musica òra.

TORQUATO TASSO, *Il Goffredo ovvero Gierusalemme liberata*, Venezia, Altobello Salicato, 1589, canto XXVI, 12, p. 83 (edizione di riferimento).

3.

Perché fuggi tra' salci
ritrosetta mia bella
o cruda delle crude pastorella?
Perché un bacio ti tolsi?
Miser più che felice
corsi per sugger vita e morte colsi.
Quel bacio che m'ha morto
tra le rose d'Amor pungente spina,
fu più vendetta tua che mia rapina.

GIOVANNI BATTISTA MARINO, *Rime* […] *parte seconda*, Venezia, Giovanni Battista Ciotti, 1608, MAD. XVIII: «Bacio involato», p. 252.

4.

Non te'n fuggir deh spira
dolce aura mia vital
deh lascia ch'io respira
vien ristor al mio mal.

Mentre l'estremo ardore
mi sface e strugge il cor
tu mi levi il dolore
rendimi grato Amor.

Tu il pianto in riso volgi
la pena cangi in ben
tu ogni durezza svolgi
l'oscuro fai seren.

Tu sola sei tu quella
che mi porgi piacer
tu ogni aspra ria procella
guida a salvo sentier.

Tu rischiari le stelle
tu discacci ogni horror
a le herbette novelle
cresci virtù e color.

Per te sta lieto il cielo
gode la terra il mar
per te mostra un bel velo
e per te bello appar.

Su dunque grata spira
aura suave vien
mentre che ogni un sospira
e d'ardor tutto è pien.

Scoti le fronde e i fiori
crespa la faccia al mar
rinfresca i nostri amori
vieni non più tardar.

5.

Perché credi o mio core
che l'avorio lucente
di quel candido dente
habbia d'ebano fin segnato Amore?
Amor con l'aurea punta
del suo strale pungente
scolpì que' segni infra le perle e gli ostri
sol perché sien bersagli ai baci nostri.

Giovanni Battista Marini, *La Lira*, Venezia, Giovanni Battista Ciotti, 1616: «Dente segnato», p. 84.

6.

S'io non ti toglio un bacio
Lilla dolce ben mio
mi morrò di desio. Ma temo poi
che s'un bacio ti toglio
mi morrò di cordoglio,
tanto può l'ira in me degli occhi tuoi.
Che far dunque degg'io
o mio caro tesoro?
Nol so, so ben ch'io moro.

Giovanni Battista Marini, *La Lira*, Venezia, Giovanni Battista Ciotti, 1616: «Bacio disiderato», p. 46.

7.

Questi languidi fiori
amorosi trofei de' miei dolori
donna io non so se sono
per mio danno o mio dono.
Nell'aridette foglie
verdeggian le mie doglie;
nel secco lor si vede
secca la mia speranza e la tua fede.

Giovanni Battista Marini, *La Lira*, Venezia, Giovanni Battista Ciotti, 1616: «Fiori», p. 82.

8.

Pastore
Deh non coglier più fiori
dolce ladra dei cori
che son nel tuo bel viso
più belli che non son in paradiso.

Nymfa
Coglio quest'e quel fiore
grazioso pastore
per far ghirlanda bella
a chi mi canta in questa parte e in quella.

Past.
Dimmi se dir te lice
qual pastor si felice
che possa col suo canto
da ninfa sì gentile impetrar tanto.

Nim.
Egli è Lidio pastore
fiamma di questo core
ch'è più d'ogni altro amante
al mondo più felice e costante.

A due
O d'illustre mercede
Lidio felice erede,
premiatrice cortese
ti feliciti il ciel per belle imprese.

Livio Celiano (Alias Angelo Grillo), in Giovanni Licinio (a cura di) *Rime di diversi celebri poeti dell'età nostra*, Bergamo, Comino Ventura e comp., 1587: «Baci dolci», p. 148.

9.

Misero me son morto
perché mentre ti bacio
m'è la tua lingua stral, veneno il bacio.
Filli tu m'hai ferito,
Filli tu m'hai tradito
Filli, Filli crudele
ch'hai su le labbra il tosco e sembra il miele.

Pietro Petracci, in Carlo Fiamma (a cura di), *Le dependenze overo madrigali amorosi de' più illustri e celebri poeti italiani. Parte seconda*, Venezia, Barezzo Barezzi, 1611, c. 56v.

Biagio Marini

10.

O care stille hor che pietà vi scioglie
sovra estinto fanciullo e fuor di quelle
due sì chiare vi tragge ardenti stelle
ad honorar le pallidette spoglie.

Ben voi potreste in lui che in sen v'accoglie
destar divino spirto aure novelle,
et alle membra pargolette e belle
dar quel vigor che mort'empia ne toglie.

E già risorto il picciol busto fora
qual piant'a dolce suol pioggia gradita
tocca dal ciel riverdeggiar talora;

ma la tenera età che l'infinita
virtù vostra e d'Amor non sente ancora
fa ch'ei non torni a sì bel pianto in vita.

Giovanni Battista Marino, *La Lira*, Venezia, Giovanni Battista Ciotti, 1616: «D[onna] che piange sopra un fanciullo morto», p. 43.

11.

Anzoletta del ciel senza peccà
sorelina d'Amor mia pizenina
che cusì puramente è fantolina
ti ha'l ciel de to ziogetti inamorà.

Sia benedeto chi t'ha costumà
pura colomba bianca e molesina
sia benedeta quella gratiina
e quel caro viseto inzucherà.

Benedeti i gestini e le zanzete
che chi le sente se ghe cava el cuor
cose fa d'un melon ch'il sparte in fete;

o mare o pare o nena o dio d'Amor
o stele sien pur sempre benedete
che no ghe have mancà d'ogni favor.

Maffio Venier, in Angelo Ingegneri, *Versi alla venitiana, zoe, canzon, satire, lettere amorose, matinae, canzonete in aieri moderni, & altre cose belle*, Vicenza, per il Brescia, 1613, p. 60.

12.

Se nel sereno viso
hanno due chiari soli un paradiso,
se nell'illustre seno

occhio qualor discerni
scorgi ligustri eterni,
se nelle labra ascose
stanno dentro le Grazie e fuor le rose
non è stupor se pieno
di meraviglia i grido habbiasi il core
il ritratto di Venere e d'Amore.

MAURIZIO MORO, *I tre giardini de' madrigali*, parte II, Venezia, Gasparo Contarini, 1602: «Bellezze di Diana», p. 103.

13.

Chi quella bella bocca
rimira e non languisce
degno è ben che pietoso altri sospiri
d'un'anima si fredda il duro sasso.
O bei labri vermigli
radici humide e dolci
di teneri coralli,
radici sovra cui
sul meriggio d'Amor vedrò sovente
fiorir i baci e germogliar il riso;
quell'amoroso riso
che fiorito e crescente
tra suoi beati e spiritosi fiori
fa tremolar di duo begli occhi il sole.

CLAUDIO ACHILLINI (et al.), in *L'amorosa ambasciatrice, idilio del. m. ill. & eccellentiss. signore C.A.*, Vicenza, Francesco Grossi, 1612, pp. 7-14, vv. 114-127.

Biagio Marini

❦ *Apparato critico*

1. Le carte in ch'io primier scrissi e mostrai

    v.2   del ben baciar
    v.14   Baci per versi

3. Perché fuggi tra' salci

    v.2   ritrosetta, ma bella

L'edizione delle *Rime* del Marino (Venezia, Giovanni Battista Ciotti, 1608) riporta in aggiunta al testo musicato il seguente distico: *La bocca involatrice | La bocca stessa, che'l furò, tel dice.*

4. Non te'n fuggir

    str. 8, v. 1   scosi le fronde

5. Perché credi o mio core

    v.4   hebeno

6. S'io non ti toglio un bacio

    v.3   io morrò
    v.5   io morrò

8. Deh non coglier più fiori

    v.2   cara ladra
    v.4   che non quei
    v.12   da ninfa così bella
    v.15   Leal più d'altro amante
    v.16   Già conosciuto a prove tante, e tante

L'edizione delle *Rime di diversi celebri poeti dell'età nostra* (Bergamo, Comino Ventura e comp., 1587) riporta come ultima stanza il testo seguente: *Beato te, beato, | Lidio cotanto amato, | et io dolente, ahi lasso, | Ch'ad amar presi un'animato sasso.*

9. Misero me son morto

    3.   veleno il bacio
    4.   Ai ai tu m'hai ferito

12. Se nel sereno viso

    v.6   E tra le labra ascose
    v.7   Stanno gratie, bellezze e fuor le rose?

13. Chi quella bella bocca

    v.13   Tra suoi leggiadri, e spiritosi fiori

7. LE MUSICHE

≪ *Norme editoriali*

1) Sono stati mantenuti i valori originali delle note. L'utilizzazione della stanghetta di misura ha tuttavia imposto in alcuni casi il loro scioglimento e la conseguente adozione di legature di valore.

2) Sono stati mantenuti i segni di *tactus* originali.

3) Le chiavi sono modernizzate secondo gli standard odierni.

4) Sono state riportate tutte le alterazioni presenti nell'originale, comprese quelle pleonastiche. Ogni alterazione è valida per l'intera durata della misura. Le alterazioni proposte dall'editore figurano al di sopra delle note e con un carattere più piccolo. Alterazioni di cortesia tra parentesi tonde indicano casi in cui sono plausibili differenti scelte esecutive. Qualora delle note siano occasionalmente interessate da un bemolle, un bequadro o un diesis, successive alterazioni di cortesia sono impiegate – salvo casi particolarmente ambigui – solo all'interno della misura in questione e non in quelle successive. Una nota deve essere dunque automaticamente riportata al suo stato 'naturale' a partire dalla misura successiva a quella in cui appare alterata.

5) In coincidenza dei segni di ritornello si è deciso di conservare i valori ritmici delle note così come appaiono nell'originale. Ne consegue che l'esecutore deve adattare la loro durata in funzione della ripresa e/o del passaggio alla sezione successiva.

Biagio Marini

← Apparato critico

Le carte in ch'io primier scrissi e mostrai

Titolazione	Tenore: *Voce Sola in Stile recitativo. TENOR*
Misura 17	Tenore: *La2* = *Sol3*
Misura 38	Tenore: terzo *La2* = semicroma
Misura 41	Tenore: nota *finalis* = longa

Vezzosi augelli

Titolazione	Tenore: *Voce Sola. TENORE*
Misura 4	Tenore: *Do3*, senza punto di valore
Misura 15	Tenore: doppia barra = barra semplice
Misura 34	Tenore: nota *finalis* = longa

Perché fuggi

Titolazione	Canto: *Voce Sola*
Misura 10	Canto: *Si3*, bequadro
Misura 40	Canto: nota *finalis*, ripetuta dopo il segno di ritornello al valore della longa

Non te'n fuggir

Titolazione	Canto: *Aria Voce sola Con il Ritornello Per doi Violini è Basso*
Titolazione	Violino II: *BASSO* (sic). *Non te n' fuggir Ritornello Per il Violino Secondo & se replica doppo ogni Stanza. Violin Secondo. Non ten fuggir*
Titolazione	Bassetto: *BASSO Non te n' fuggir Ritornello Per il Bassetto ò Chitarone con i Violini & se replica doppo ogni Stanza.*
Misura 10	Canto: *Do3* = minima con punto di valore
Misura 10	Canto: dopo l'ultima nota, *Si fa il Ritornello è poi si sequita le altre Stanze. Se cosi piace.*
Ritornello	
Misura 6	Violino I: secondo *Do4*, con punto coronato
Misura 6	Violino I: dopo l'ultima nota, *Replicasi questo Ritornello doppo ogni Stanza*
Misura 6	Violino II: *Mi4*, con punto di valore e punto coronato
Misura 6	Bassetto: *Do2*, con punto di valore e punto coronato

Perché credi o mio core

Titolazione	Tenore I: *A 2. Tenori TENORE Primo*
Titolazione	Tenore II: *A 2. Tenori*
Misura 27	Tenore I: nota *finalis* = longa
Misura 27	Tenore II: nota *finalis* = longa

S'io non ti toglio un bacio

Titolazione	Tenore I: *A 2. Tenori TENORE Primo*
Titolazione	Tenore II: *A 2. Tenori*
Misura 16	Tenore I: segno di ritornello
Misura 16	Tenore II: segno di ritornello
Misura 30	Tenore I: due misure di pausa
Misura 30	Tenore II: due misure di pausa

Questi languidi fiori

Titolazione	Canto: *A 2. Canto è Basso*
Titolazione	Basso: *A 2. Canto è Basso*
Misura 20	Canto: nota *finalis* = longa
Misura 20	Basso: nota *finalis* = longa

Deh non coglier

Titolazione	Canto: *DIALOGO A 2. Tenor è Canto Nymfa*
Titolazione	Tenore: *DIALOGO Pastore A 2. Tenore e Canto*
Misura 1	Canto: *Dhe non coglier più fiori Tace.*
Misura 1	Tenore: *Pastore*, manca
Misura 19	Canto: doppia barra, manca
Misura 19	Tenore: doppia barra = barra semplice
Misura 19	Tenore: dopo l'ultima nota, *Coglio questo e quel fiore Tace.*
Misura 20	Canto: *Ninfa*, manca
Misura 31	Canto: doppia barra = barra semplice
Misura 31	Canto: dopo l'ultima nota, *Dimmi se dir te lice Tace.*
Misura 31	Tenore: doppia barra, manca
Misura 32	Tenore: *Pastore*, manca
Misura 46	Canto: doppia barra, manca
Misura 46	Tenore: doppia barra = barra semplice
Misura 46	Tenore: dopo l'ultima nota, *Egli e Lidio. Tace.*
Misura 47	Canto: *Ninfa*, manca
Misura 61	Canto: doppia barra = barra semplice

Biagio Marini

Misura 61	Tenore: doppia barra, manca
Misura 62	Tenore: *Pastore*, manca
Misura 63	Canto: *Ninfa*, manca
Misura 81	Canto: nota *finalis* = longa
Misura 81	Tenore: nota *finalis* = longa

Misero me son morto

Titolazione	Canto: *A 3. CANTO*
Titolazione	Tenore: *A 3. TENORE*
Titolazione	Basso: *A 3. BASSO*
Misura 38	Canto: nota *finalis* = longa
Misura 38	Tenore: nota *finalis* = longa
Misura 38	Basso: nota *finalis* = longa

O care stille

Titolazione	Canto I: *A 3. CANTO Primo*
Titolazione	Canto II: *A 3 CANTO Secondo*
Titolazione	Basso: *A 3. BASSO*
Misura 27	Canto I: *Si3 = Do4*
Misura 51	Canto I: nota *finalis* = longa
Misura 51	Canto II: nota *finalis* = longa
Misura 51	Basso: nota *finalis* = longa

Anzoletta del ciel

Titolazione	Canto I: *A 3 Alla Venetiana CANTO Primo*
Titolazione	Canto II: *A 3. Alla Venetiana CANTO Secondo*
Titolazione	Tenore: *A 3. Alla Venetiana*
Misura 32	Tenore: dopo il secondo *Sol2*, *Mi2* semiminima in eccedenza
Misura 47	Canto I: nota *finalis* = longa
Misura 47	Canto II: nota *finalis* = longa
Misura 47	Tenore: nota *finalis* = longa

Se nel sereno viso

Titolazione	Canto I: *A 5. CANTO Primo*
Titolazione	Canto II: *A 5. CANTO Secondo*
Titolazione	Alto: *A 5. ALTO*
Titolazione	Tenore: *A 5. TENORE*
Titolazione	Basso: *A 5. BASSO*

Madrigali et Symfonie

Misura 43	Canto II: *Mi4* = *Re4*
Misura 45	Canto I: nota *finalis* = longa
Misura 45	Canto II: nota *finalis* = longa
Misura 45	Alto: nota *finalis* = longa
Misura 45	Tenore: nota *finalis* = longa
Misura 45	Basso: nota *finalis* = longa

Chi quella bella bocca

Titolazione	Canto I: *A 5 Si averte quando che trovarete la chiane di G Sol re ut lasciate sonar un Violino & doppo entrarete quando vi trovarete la nuova chaive de C sol fa ut*
Titolazione	Canto II: *A 5 Si averte quando che trovarete la chiane di G Sol re ut lasciate sonar un Violino & doppo entrarete quando vi trovarete la nuova chiave de C sol fa ut*
Titolazione	Alto: *A 5. ALTO*
Titolazione	Tenore: *A 5. Questa Parte Canta con i Violini. TENORE*
Titolazione	Basso: *A 5. BASSO*
Misura 13	Canto I: dopo l'ultima nota, *Violino*
Misura 13	Canto II: dopo l'ultima nota, *Violino*
Misura 21	Violino II: *Do4* = croma
Misura 24	Violino II: primo *Do4*, diesis
Misura 30	Violino II: *Fa3* = minima
Misura 30	Canto II: pause di minima e seminima, mancano
Misura 34	Canto II: primo *Re3* = *Mi3*
Misura 36	Canto I: terzo *La3*, manca
Misura 39	Canto II: secondo *Si3* = *Do4*
Misura 39	Canto II: secondo *Sol3* = *Si3*
Misura 55	Canto I: *Si3* = *Do4*
Misura 60	Canto I: nota *finalis* = longa
Misura 60	Canto II: nota *finalis* = longa
Misura 60	Alto: nota *finalis* = longa
Misura 60	Tenore: nota *finalis* = longa
Misura 60	Basso: nota *finalis* = longa

La Rizza

Titolazione	Violino: *La Rizza A 4. Violino.*
Titolazione	Cornetto: *La Rizza A 4. Corneto*
Titolazione	Trombone: *La Rizza A 4. Trombone*
Titolazione	Fagotto: *La Rizza Canzone A 4. Fagotto.*
Misura 12	Violino: *Tardo*, manca
Misura 12	Cornetto: *Tardo*
Misura 12	Trombone: *Tardo*

Misura 12	Fagotto: *Tardo*
Misura 21	Trombone: *Fa2*, diesis davanti alla nota successiva
Misura 31	Cornetto: *Tardo*
Misura 36	Fagotto: *Tardo*
Misura 38	Trombone: *Si1* = semiminima
Misura 43	Trombone: ultime sei semicrome = crome
Misura 51	Cornetto: primo *Mi3*, senza punto di valore
Misura 51	Cornetto: *Do3* = croma
Misura 51	Cornetto: *Re3*, senza punto di valore
Misura 51	Cornetto: secondo *Mi3* = croma
Misura 73	Trombone: *Sol2*, senza punto di valore
Misura 77	Fagotto: *F.*, sulla nota precedente
Misura 78	Trombone: *Re2* = *Mi2*
Misura 79	Violino: *P.*, sulla nota precedente
Misura 81	Violino: *F.*, sulla nota precedente
Misura 85	Violino: *F.*, sulla nota precedente
Misura 115	Violino: 7 misure di pausa al posto di 5
Misura 117	Fagotto: primo *Re2* = *Si1*
Misura 124	Cornetto: primo *Sol3* = semicroma
Misura 124	Cornetto: *Fa3* = semicroma
Misura 125	Violino: primo *Re5*, = *Mi3*
Misura 126	Trombone: *La2* = minima
Misura 126	Trombone: *La2*, senza legatura
Misura 128	Violino: nota *finalis* = longa
Misura 128	Cornetto: nota *finalis* = longa
Misura 128	Fagotto: nota *finalis* = longa

La Cominciola

Titolazione	Canto I: *La Cominciola Ballo e Simfonia A 3 CANTO Primo*
Titolazione	Canto II: *La Cominciola A 3. Ballo e Simfonia. CANTO Secondo*
Titolazione	Basso: *La Cominciola A 3. Symfonia o Balletto.*
Misura iniziale (in anacrusi)	Canto II: *Tardo*
Misura iniziale (in anacrusi)	Basso: *Tardo*
Misura iniziale (in anacrusi)	Canto I: pausa di minima
Misura iniziale (in anacrusi)	Canto II: pausa di minima
Misura iniziale (in anacrusi)	Basso: pausa di minima
Misura 16	Canto II: *Si3* = croma
Misura 16	Canto II: *Re4* = croma
Misura 23	Canto I: *Presto*, manca
Misura 23	Canto II: *Presto*
Misura 23	Basso: *Presto*

Misura 34	Canto I: *Sol3*, senza punto di valore
Misura 51 bis (in anacrusi)-71	Canto I: tutte le semibrevi = semibrevi nere; tutte le minime = minime nere; tutte le semiminime = crome
Misura 51 bis (in anacrusi)-71	Canto II: tutte le semibrevi = semibrevi nere; tutte le minime = minime nere; tutte le semiminime = crome
Misura 51 bis (in anacrusi)-71	Basso: tutte le semibrevi = semibrevi nere; tutte le minime = minime nere
Misura 51 bis (in anacrusi)	Canto II: *Presto*
Misura 51 bis (in anacrusi)	Basso: *Presto*
Misura 51 bis (in anacrusi)	Canto I: *Re4* = *Do4*
Misura 51 bis (in anacrusi)	Canto I: *Do4* = *Re4*
Misura 63	Basso: *Si1*, bemolle
Misura 70	Canto I: *Sol3*, punto di valore dopo la nota successiva
Misura 70	Canto II: *Sol3*, punto di valore dopo la nota successiva
Misura 70	Basso: *Sol1*, punto di valore dopo la nota successiva
Misura 71 bis (in anacrusi)	Canto II: *Tardo*
Misura 71 bis (in anacrusi)	Basso: *Tardo*
Misura 71 bis (in anacrusi)	Canto I: pausa di minima
Misura 71 bis (in anacrusi)	Canto II: pausa di minima
Misura 71 bis (in anacrusi)	Basso: pausa di minima
Misura 75	Canto I: *Si3* = semiminima
Misura 78	Canto I: primo *Si3* = semiminima
Misura 81	Canto I: nota *finalis* = longa
Misura 81	Canto II: nota *finalis* = longa
Misura 81	Basso: nota *finalis* = longa
Misura 81	Canto I: segno di ritornello, manca
Misura 81	Canto II: segno di ritornello, manca
Misura 81	Basso: segno di ritornello, manca

La Finetta

Titolazione	Canto I: *La Finetta A 3. Simfonia*
Titolazione	Canto II: *La Fineta Simfonia. A 3 CANTO Secondo*
Titolazione	Trombone: *La Finetta A 3. Trombone*
Misura 13	Canto II: *La4* = *Sol4*
Misura 13	Canto II: primo *Sol4* = *Fa4*
Misura 13	Canto II: secondo *Fa4* = *Mi4*
Misura 13	Canto II: secondo *Sol4* = *Fa4*
Misura 13	Canto II: terzo *Fa4* = *Mi4*
Misura 13	Canto II: *Mi4* = *Re4*
Misura 14	Canto II: *Fa4* = *Mi4*
Misura 14	Canto II: secondo *Mi4* = *Re4*
Misura 14	Canto II: *Re4* = *Do4* diesis minima senza punto di valore, seguito da *Re4* croma in eccedenza

Biagio Marini

Misura 30	Trombone: *3*, segno di proporzione in eccedenza
Misura 33	Trombone: *La2* = minima
Misura 39	Canto I: doppia barra = barra semplice
Misura 39	Canto II: doppia barra, manca
Misura 39	Trombone: doppia barra = barra semplice
Misura 40	Canto II: *Affetti Tardo*
Misura 40	Trombone: *Affetti Tardo*
Misura 54	Canto I: doppia barra, manca
Misura 54	Canto II: doppia barra, manca
Misura 54	Trombone: doppia barra = barra semplice
Misura 55	Canto II: *Presto*
Misura 55	Trombone: *Presto*
Misura 63	Trombone: *Tardo*, manca
Misura 63	Canto I: sul *Si3*, *Tardo* in eccedenza
Misura 64	Canto II: *Tardo*
Misura 68	Canto II: *Re3* = minima
Misura 68	Canto II: *Fa3* = minima
Misura 74	Canto I: nota *finalis* = longa
Misura 74	Canto II: nota *finalis* = longa
Misura 74	Trombone: nota *finalis* = longa

La Philippi

Titolazione	Canto I: *La Grimani* (sic) *A 3. Balletto e Simfonia. CANTO*
Titolazione	Canto II: *La Philippi Balletto e Simfonia. A 3 CANTO Secondo*
Titolazione	Basso: *La Philippi A 3. Balletto e Symfonia*
Misura 1	Canto II: *Tardo*
Misura 1	Basso: *Tardo*
Misura 24	Canto II: *Presto*
Misura 24	Basso: *Presto*
Misura 57	Canto I: *P.*, sulla nota successiva
Misura 57	Canto II: *P.*, sulla nota successiva
Misura 61	Canto II: *P.*, sulla nota successiva
Misura 63	Basso: *Sol1*, bemolle (probabile indicazione della terza minore per il continuo)
Misura 68	Canto I: *P.*, sulla prima nota della misura successiva
Misura 70-102	Canto I: tutte le semibrevi = semibrevi nere; tutte le minime = minime nere; tutte le semiminime = crome; tutte le crome = semicrome
Misura 70-102	Canto II: tutte le semibrevi = semibrevi nere; tutte le minime = minime nere; tutte le semiminime = crome; tutte le crome = semicrome

Misura 70-102	Basso: tutte le semibrevi = semibrevi nere; tutte le minime = minime nere; tutte le semiminime = crome
Misura 70	Canto II: *Presto*, manca
Misura 70	Basso: *Presto*, manca
Misura 102	Canto I: *La3*, senza punto di valore
Misura 103	Canto II: *Tardo*
Misura 103	Basso: *Tardo*
Misura 103	Canto I: segno di ritornello
Misura 103	Canto II: segno di ritornello
Misura 103	Basso: segno di ritornello
Misura 110	Basso: *Fa2* = croma
Misura 110	Basso: *Sol2* = croma
Misura 114	Canto I: nota *finalis* = longa
Misura 114	Canto II: nota *finalis* = longa
Misura 114	Basso: nota *finalis* = longa

La Bombarda

Titolazione	Violino: *La Bombarda A 2. Violino e Cornetto Canzone*
Titolazione	Cornetto: *La Bombarda A 2. Violino e Cornetto Canzone Canto secondo*
Misura 9	Violino: *La4* = croma
Misura 31	Violino: primo *La3* = semiminima
Misura 40	Violino: nota *finalis* = longa
Misura 40	Cornetto: nota *finalis* = longa

La Rossa

Titolazione	Canto I: *La Rossa Gagliarda A 3.*
Titolazione	Canto II: *La Rossa Gagliarda A 3. CANTO Secondo*
Titolazione	Basso: *La Rossa Gagliarda A 3. BASSO*
Misura 19	Canto II: primo *Re4*, diesis
Misura 19	Canto II: secondo *Re4*, diesis
Misura 19	Canto II: secondo *Fa4*, diesis davanti alla nota precedente
Misura 21	Canto I: primo *Si3*, stanghetta aggiunta con un altro carattere
Misura 24	Canto II: *Do4*, diesis davanti alla nota precedente

La Malipiera

Titolazione	[Violino]: *La Malipiera Simfonia. A 2.*
Titolazione	Trombone: *La Malipiera A 2. Trombone.*
Misura 10	Trombone: primo *Sol1*, senza punto di valore

Misura 21	[Violino]: secondo *Si3* = semicroma
Misura 22	[Violino]: primo *Fa3* = semicroma
Misura 22	[Violino]: dopo primo *Fa3*, pausa di semiminima
Misura 26	Trombone: *Tardo*
Misura 31	Trombone: *Do2*, manca, diesis presente
Misura 33	[Violino]: doppia barra = barra semplice
Misura 33	Trombone: doppia barra, manca
Misura 37	[Violino]: *Re4* = semicroma
Misura 37	[Violino]: *Do4* = semicroma
Misura 42	[Violino]: terzo *Sol4* = *La4*
Misura 43	[Violino]: segno di proporzione 3, davanti al primo *Si3* e al secondo *Do4* (per indicare le terzine di crome)
Misura 44	[Violino]: segno di proporzione 3, davanti al primo *Si3* (per indicare le terzine di crome)
Misura 55	Trombone: primo *Do2* = *Re2*
Misura 59	Trombone: primo *La2* = *Do3*
Misura 72	Trombone: *Tardo*, manca
Misura 77	[Violino]: nota *finalis* = longa
Misura 77	Trombone: nota *finalis* = longa

La Grilla

Titolazione	Canto: *La Grilla Simfonia. A 2. Canto e Basso*
Titolazione	Basso: *La Grilla A 2 Symfonia Basso e Canto*
Misura 33	Canto: doppia barra = barra semplice
Misura 33	Basso: doppia barra = barra semplice
Misura 34	Canto: *Tardo*, manca
Misura 34	Basso: *Affetti – Tardo*
Misura 42	Basso: *Si1*, bemolle davanti alla nota precedente
Misura 50	Canto: doppia barra = barra semplice
Misura 50	Basso: doppia barra = barra semplice
Misura 68	Basso: *La2* = minima
Misura 77	Canto: secondo *Re4* = croma
Misura 78	Canto: nota *finalis* = longa
Misura 78	Basso: nota *finalis* = longa

Il Grimani

Titolazione	Canto I: *La Grimani Balletto Symfonia A 3*
Titolazione	Canto II: *Il Grimani Balletto e Simfonia A 3 CANTO Secondo*
Titolazione	Basso: *Il Grimani Balletto e Symfonia A 3*
Misura iniziale (in anacrusi)	Canto I: pausa di minima e di semiminima

Misura iniziale (in anacrusi)	Canto II: pausa di minima e di semiminima
Misura iniziale (in anacrusi)	Basso: pausa di minima e di semiminima
Misura 18	Canto I: *P.*, sul secondo *Sol3* di misura 19
Misura 18	Basso: *P.*, sulla nota successiva
Misura 27	Canto I: *Do4* = longa
Misura 27	Canto II: *Mi4*, ripetuto al valore della longa dopo il segno di ritornello
Misura 27	Basso: *Do2*, ripetuto al valore della longa dopo il segno di ritornello

La Scistina

Titolazione	Canto I: *La Scistina Corrente A 3.*
Titolazione	Canto II: *La Scistina Corrente A 3 CANTO Secondo*
Titolazione	Basso: *La Scistina Corrente A 3.*
Misura iniziale (in anacrusi)	Canto I: due pause di minima
Misura iniziale (in anacrusi)	Canto II: due pause di minima
Misura iniziale (in anacrusi)	Basso: due pause di minima
Misura 3	Canto I: secondo *Sol4*, manca
Misura 8	Canto II: secondo *Do4*, diesis davanti alla nota precedente
Misura 24	Basso: *Mi2*, diesis (probabile indicazione della terza maggiore per il continuo)
Misura 27	Basso: primo *Sol1*, bemolle (probabile indicazione della terza minore per il continuo)
Misura 33	Canto I: *Re3*, ripetuto al valore della longa dopo il segno di ritornello
Misura 33	Basso: *Re2*, ripetuto al valore della longa dopo il segno di ritornello

La Roccha

Titolazione	Violino: *La Roccha Gagliarda. A 2. Basso è Violino*
Titolazione	Basso: *La Roccha Gagliarda. A 2. Canto è Basso*

Il Seccho

Titolazione	Canto: *Il Seccho Balletto Corrente A 2.*
Titolazione	Basso: *Il Seccho Balletto con la Corrente A 2.*
Misura iniziale (in anacrusi)	Canto: pausa di minima e di semiminima
Misura iniziale (in anacrusi)	Basso: pausa di minima e di semiminima
Misura iniziale (in anacrusi)	Canto: *Balletto*, manca
Misura iniziale (in anacrusi)	Basso: *Balletto*, manca
Misura 22 bis	Canto: due pause di minima

Biagio Marini

Misura 22 bis	Basso: due pause di minima
Misura 22 bis	Canto: *Corrente*, manca
Misura 22 bis	Basso: *Corrente*
Misura 42	Canto: dopo il primo *Do4*, *Do4* minima in eccedenza

8. L'EDIZIONE

Le carte in ch'io primier scrissi e mostrai

A voce sola, in stile recitativo

Biagio Marini

Vezzosi augelli infra le verdi fronde
A voce sola

Madrigali et Symfonie

113

Biagio Marini

Perché fuggi tra' salci

A voce sola

Biagio Marini

Non te'n fuggir deh spira

Aria a voce sola con il ritornello per doi violini e bassetto

2. Mentre l'estremo ardore
   mi sface e strugge il cor
   tu mi levi il dolore
   rendimi grato Amor

3. Tu il pianto in riso volgi
   la pena cangi in ben
   tu ogni durezza svolgi
   l'oscuro fai seren

4. Tu sola sei tu quella
   che mi porgi piacer
   tu ogni aspra ria procella
   guida a salvo sentier

5. Tu rischiari le stelle
   tu discacci ogni horror
   a le herbette novelle
   cresci virtù e color

6. Per te sta lieto il cielo
   gode la terra il mar
   per te mostra un bel velo
   e per te bello appar

7. Su dunque grata spira
   aura suave vien
   mentre che ogni un sospira
   e d'ardor tutto è pien

8. Scoti le fronde e i fiori
   crespa la faccia al mar
   rinfresca i nostri amori
   vieni non più tardar.

Biagio Marini

Ritornello

Perché credi o mio core
A due tenori

Biagio Marini

S'io non ti toglio un bacio

A due tenori

Biagio Marini

Questi languidi fiori

A due voci, canto e basso

Biagio Marini

Deh non coglier più fiori
Dialogo a due voci, canto e tenore

Biagio Marini

Madrigali et Symfonie

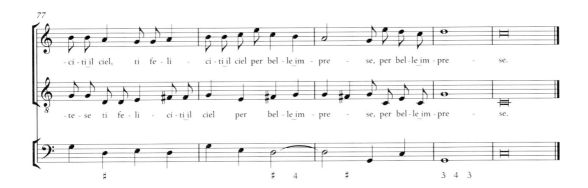

Biagio Marini

Misero me son morto
A tre voci, canto, tenore e basso

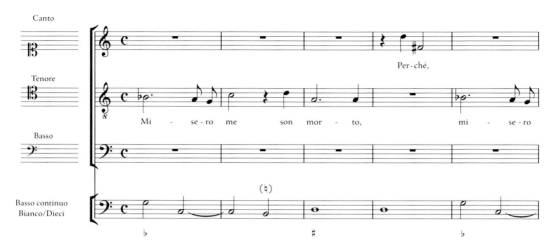

Madrigali et Symfonie

Biagio Marini

O care stille hor che pietà vi scioglie

A tre voci, due canti e basso

Biagio Marini

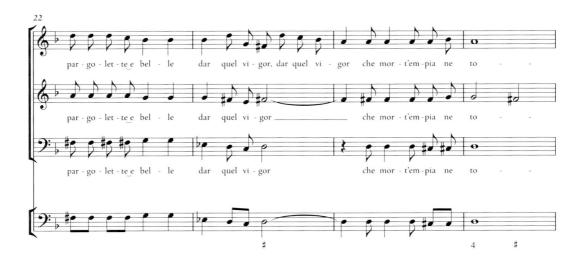

Biagio Marini

Anzoletta del ciel senza peccà

Alla venetiana. A tre voci, due canti e tenore

Biagio Marini

Biagio Marini

Se nel sereno viso

A cinque voci, due canti, alto, tenore e basso

Biagio Marini

Madrigali et Symfonie

141

Biagio Marini

Biagio Marini

Chi quella bella bocca

A cinque voci, due canti, alto, tenore, basso e due violini

Biagio Marini

Biagio Marini

Biagio Marini

La Rizza

Canzon a quattro, violino, cornetto, trombone e fagotto

Biagio Marini

Madrigali et Symfonie

153

Biagio Marini

Biagio Marini

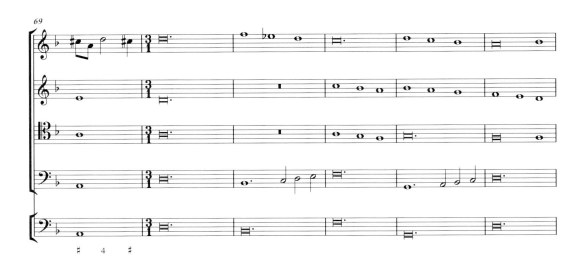
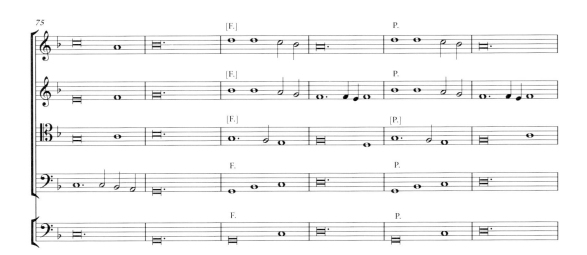

Madrigali et Symfonie

Biagio Marini

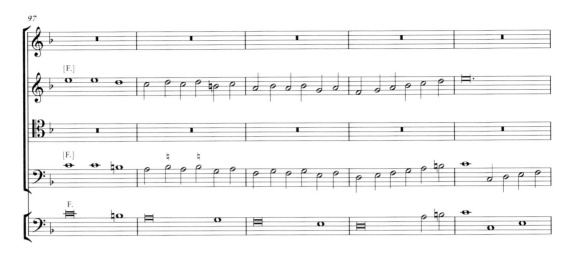
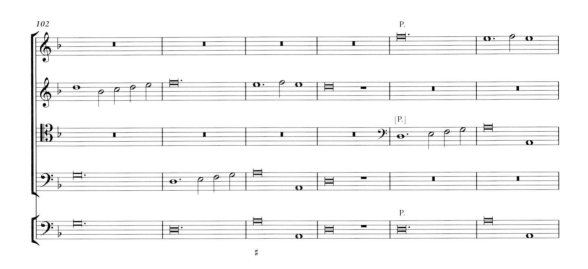

Madrigali et Symfonie

159

Biagio Marini

La Cominciola

Sinfonia e balletto a tre, due canti e basso

Biagio Marini

Madrigali et Symfonie

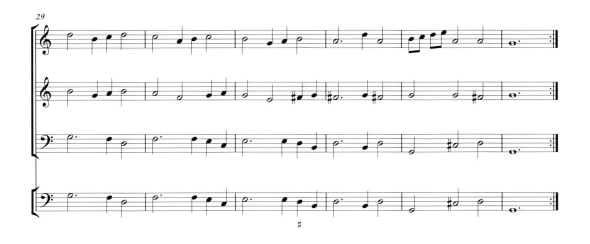

Biagio Marini

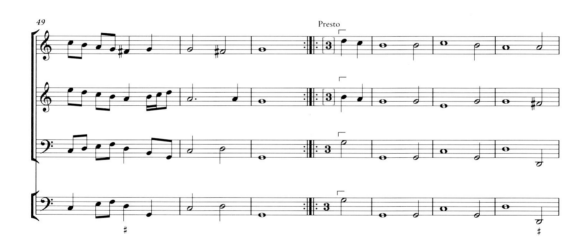

Madrigali et Symfonie

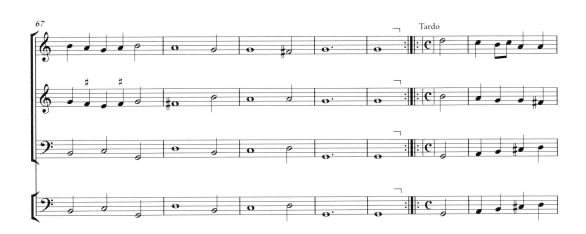

Biagio Marini

La Finetta

Sinfonia a tre, due canti e trombone

Biagio Marini

Madrigali et Symfonie

Biagio Marini

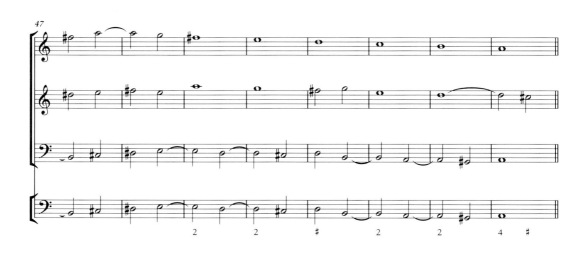

Madrigali et Symfonie

Biagio Marini

La Philippi
Sinfonia e balletto a tre, due canti e basso

Madrigali et Symfonie

Biagio Marini

Madrigali et Symfonie

175

Biagio Marini

Madrigali et Symfonie

Biagio Marini

Madrigali et Symfonie

Biagio Marini

La Bombarda
Canzon a due, violino e cornetto

Madrigali et Symfonie

Biagio Marini

La Rossa
Gagliarda a tre, due canti e basso

Madrigali et Symfonie

183

Biagio Marini

La Malipiera

Sinfonia a due, canto e trombone

Biagio Marini

Madrigali et Symfonie

Biagio Marini

Madrigali et Symfonie

Biagio Marini

La Grilla
Sinfonia a due, canto e basso

Madrigali et Symfonie

191

Biagio Marini

Madrigali et Symfonie

Biagio Marini

Il Grimani
Sinfonia e balletto a tre, due canti e basso

Madrigali et Symfonie

Biagio Marini

La Scistina
Corrente a tre, due canti e basso

Madrigali et Symfonie

Biagio Marini

La Roccha
Gagliarda a due, violino e basso

Madrigali et Symfonie

199

Il Seccho

Balletto e corrente a due, canto e basso

Madrigali et Symfonie

9. Bibliografia

⇒ Fonti

Claudio ACHILLINI, *Poesie*, Bologna, Clemente Ferroni, 1632.

Claudio ACHILLINI (et al.), *L'amorosa ambasciatrice, idilio del. m. ill. & eccellentiss. signore C.A. con tre altri dopo questo composti da bellissimi ingegni. Al molto illustre signore Fabio Zogiano consecrati*, Vicenza, Francesco Grossi, 1612.

Claudio ACHILLINI (et al.), *L'amorosa ambasciatrice, idilio del. m. ill. & eccellentiss. signore C.A. con tre altri dopo questo composti da bellissimi ingegni. Al molto illustre signore Fabio Zogiano consecrati*, Vicenza, Giacomo Cescato, 1612 (altra emissione a stampa).

Claudio ACHILLINI (et al.), *L'amorosa ambasciatrice, idilio del. m. ill. & eccellentiss. signore C.A. con tre altri dopo questo composti da bellissimi ingegni. Al molto illustre signore Fabio Zogiano consecrati*, Vicenza, Bartolamio de Santi, 1612 (altra emissione a stampa).

Giovanni Matteo ASOLA (et al.), *Fiori musicali di diversi auttori a tre voci [...] novamente ristampati*, Venezia, Giacomo Vincenti, 1598.

Adriano BANCHIERI, *Barca di Venetia per Padova*, Ricciardo Amadino, 1605.

Bartolomeo BARBARINO, *Madrigali a tre voci da cantarsi nel chitarrone o clavicembalo [...] con alcuni madrigali da cantar solo*, Venezia, Ricciardo Amadino, 1617.

Orindio BARTOLINI, *Il primo libro de madrigali a cinque voci*, Venezia, Alessandro Raverij, 1606.

Giulio BELLI, *Concerti ecclesiastici*, Venezia, Bartolomeo Magni, 1613.

Domizio/Dionisio BOMBARDA (a cura di), *Teatro delle glorie della Sig. Adriana Basile*, Venezia, Evangelista Deuchino, 1623.

Filippo BONAFFINO, *Madrigali concertati a due, tre e quattro voci per cantar e sonar nel clavicembalo, chitarrone o altro simile instrumento*, Messina, Pietro Brea, 1623.

Giacinto BONDIOLI, *Salmi intieri brevemente concertati [...] Opera quarta*, Venezia, Stampa del Gardano, appresso Bartolomeo Magni, 1622.

Giacinto BONDIOLI, *Soavi fiori [...] Opera quinta*, Venezia, Bartolomeo Magni, 1622.

Giacinto BONDIOLI, *Psalmi tum alterno tum continuo choro canendi cum basso ad organum [...] Opus octavum*, Venezia, Stampa del Gardano, appresso Bartolomeo Magni, 1627.

Arcangelo BORSARO, *Il secondo libro delle canzonette a tre e quattro voci*, Venezia, Ricciardo Amadino, 1590.

Alessandro CAPECE, *Il secondo libro de madrigali, et arie a una, due, et tre voci*, Roma, Gio. Battista Robletti, 1625.

Dario CASTELLO, *Sonate concertate in stil moderno [...] Libro primo*, Venezia, Stampa del Gardano, appresso Bartolomeo Magni, 1629 (ristampa di un'edizione oggi perduta del 1621).

Dario CASTELLO, *Sonate concertate in stil moderno [...] Libro secondo*, Venezia, Stampa del Gardano, appresso Bartolomeo Magni, 1629.

Tommaso CECCHINO, *Amorosi concetti. Il terzo libro de madrigali a 1 e 2 voci*, Venezia, Giacomo Vincenti, 1616.

Antonio CIFRA, *Li diversi scherzi a una, due et tre voci. Libro secondo. Opera decimaquarta*, Roma, Gio. Battista Robletti, 1613.

Giovanni Bernardo COLOMBI, *Madrigali concertati a due, tre, e quattro voci*, Venezia, Alessandro Vincenti, 1621.

Leonardo COZZANDO, *Libraria bresciana*, Brescia, Giovanni Maria Rizzardi, 1694, ed. anast., Bologna, Forni, 1974.

Giovanni CROCE, *Il secondo libro de' madrigali a cinque voci*, Venezia, Giacomo Vincenti, 1592.

Carlo FIAMMA (a cura di), *Il gareggiamento poetico del Confuso accademico ordito. Madrigali amorosi graui, e piaceuoli ne' quali si vede il bello, il leggiadro & il vivace de i più illustri poeti d'Italia*, Venezia, Barezzo Barezzi, 1611.

Carlo FIAMMA (a cura di), *Le dependenze overo madrigali amorosi de' più illustri e celebri poeti italiani. Parte seconda [...] Del Confuso accademico ordito*, Venezia, Barezzo Barezzi, 1611.

Giovanni Battista FONTANA, *Sonate a 1. 2. 3. per il violino, o cornetto, fagotto, chitarone, violoncino o simile altro istromento*, Venezia, Bartolomeo Magni, 1641.

Federico Franzini (a cura di), *Indice de libri di musica della libreria di Federico Franzini*, Roma, Mascardi, 1676.

Girolamo Frescobaldi, *Il primo libro de madrigali a cinque voci*, Antwerpen, Pierre Phalese, 1608.

Girolamo Frescobaldi, *Primo libro d'arie musicali per cantarsi nel clavicembalo, e tiorba. A una, a dua (sic), e a tre voci*, Firenze, Giovanni Battista Landini, 1630.

Girolamo Frescobaldi, *Secondo libro d'arie musicali per cantarsi nel clavicembalo, e tiorba. A una, a due e a tre voci*, Firenze, Giovanni Battista Landini, 1630.

Silvestro Ganassi, *Regula rubertina*, Venezia, s.e [autore], s.d. [1542].

Angelo Gardano (a cura di), *Il trionfo di Dori descritto da diversi et posto in musica, à sei voci, da altrettanti autori*, Venezia, Angelo Gardano, 1592.

Giovanni Ghizzolo, *Secondo libro de madrigali a cinque et sei voci*, Venezia, Ricciardo Amadino, 1614.

Giovanni Ghizzolo, *Messa, salmi, letanie B. V., falsi bordoni et Gloria Patri*, Venezia, Alessandro Vincenti, 1619.

Michel Angelo Grancino, *Il primo libro di madrigali in concerto a 2, 3, 4 voci op. XI*, Milano, Carlo Camagno, 1646.

Ottavio Maria Grandi, *Sonate per ogni sorte di stromenti*, Venezia, Stampa del Gardano, appresso Bartolomeo Magni, 1628.

Cesario Gussago, *Sonate a quattro, sei, et otto, con alcuni concerti à otto, con le sue sinfonie da suonarsi avanti, & doppo secondo il placito, & commodo de sonatori*, Venezia, Ricciardo Amadino, 1608.

Gilles Hayne, *Motetti overo madrigali [...] fatti spirituali*, Antwerpen, Pierre Phalèse, 1643.

Sigismondo d'India, *Le musiche a due voci*, Venezia, Ricciardo Amadino, 1615.

Sigismondo d'India, *Ottavo libro dei madrigali a cinque voci*, Roma, Giovanni Battista Robletti, 1624.

Angelo Ingegneri, *Versi alla venitiana, zoe, canzon, satire, lettere amorose, matinae, canzonete in aieri moderni, & altre cose belle*, Vicenza, per il Brescia, 1613.

Giovanni Licinio (a cura di), *Rime di diversi celebri poeti dell'età nostra*, Bergamo, Comino Ventura e comp., 1587.

Luca Marenzio, *Madrigali a quattro voci libro primo*, Roma, Alessandro Gardano, 1585.

Biagio Marini, *Affetti musicali*, Venezia, Stampa del Gardano, appresso Bartolomeo Magni, 1617.

Biagio Marini, *Madrigali et symfonie*, Venezia, Stampa del Gardano, appresso Bartolomeo Magni, 1618.

Biagio Marini, *Arie, madrigali et correnti*, Venezia, Stampa del Gardano, appresso Bartolomeo Magni, 1620.

Biagio Marini, *Scherzi e canzonette*, Parma, Anteo Viotti, 1622.

Biagio Marini, *Le lagrime d'Erminia*, Parma, Anteo Viotti, 1623.

Biagio Marini, *Per le musiche di camera. Concerti a quattro, 5. 6. voci, & instrumenti. Opera settima*, Venezia, Stampa del Gardano, Bartolomeo Magni, 1634 [recte 1624].

Biagio Marini, *Sonate, symphonie, canzoni, pass'emezzi, baletti, corenti, gagliarde, & ritornelli [...] con altre curiose & moderne inventioni*, Venezia, Stampa del Gardano, appresso Bartolomeo Magni, 1629 [recte 1626].

Biagio Marini, *Corona melodica*, Antwerpen, Haeredes Petri Phalesii, 1644.

Biagio Marini, *Concerto terzo delle musiche da camera*, Milano, Carlo Camagno, 1649.

Biagio Marini, *Salmi per tutte le solennità dell'anno concertati nel moderno stile, ad una, due, e trè voci con violini e senza [...] Opera XVIII*, Venezia, Stampa del Gardano, appresso Francesco Magni, 1653.

Biagio Marini, *Vespri per tutte le festività dell'anno. A quattro voci. Da cantarsi in capella e nell'organo [...] Opera XX*, Venezia, Stampa del Gardano, appresso Francesco Magni, 1654.

Biagio Marini, *Diversi generi di sonate, da chiesa, e da camera*, Venezia, Francesco Magni, 1655.

Giovanni Battista Marino, *Rime*, Venezia, Giovanni Battista Ciotti, 1602.

Giovanni Battista Marino, *Rime [...] parte seconda*, Venezia, Giovanni Battista Ciotti, 1608.

Giovanni Battista MARINO, *La Lira*, Venezia, Giovanni Battista Ciotti, 1616.

Florenzio MASCHERA, *Libro primo de canzoni da suonare*, Brescia, Vincenzo Sabbio, 1584.

Giulio MEDICI, *Amorosi concenti musicali*, Venezia, Giacomo Vincenti, 1619.

Domenico MASSENZIO, *Scelta di madrigali, canzonette, villanelle, romanesche, ruggeri*, Roma, Paolo Masotti, 1629.

Domenico Maria MELLI, *Musiche [...] composte sopra alcuni madrigali di diversi. Per cantare nel chittarrone, clavicembalo, et altri instromenti*, Venezia, Vincenti, 1602.

Domenico Maria MELLI, *Le seconde musiche [...] nelle quali si contengono madrigali*, Venezia, Giacomo Vincenti, 1609.

Antonio MOGAVERO, *Il terzo libro de madrigali a cinque voci intitolato Vezzi amorosi, con un dialogo a otto*, Venezia, Ricciardo Amadino, 1598.

Simone MOLINARO, *Il secondo libro delle canzonette a 3 voci*, Venezia, Ricciardo Amadino, 1600.

Claudio MONTEVERDI, *Il quarto libro di madrigali a cinque voci*, Venezia, Ricciardo Amadino, 1603.

Claudio MONTEVERDI, *Il quarto libro de' madrigali a cinque voci. Con il basso continuo per il clavicembalo, chitarrone od altro simile istrumento*, Antwerpen, Pietro Phalesio, 1615 (altra emissione).

Claudio MONTEVERDI, *Quinto libro de madrigali a cinque voci*, Venezia, Ricciardo Amadino, 1605.

Claudio MONTEVERDI, *Il sesto libro di madrigali*, Venezia, Ricciardo Amadino, 1614.

Claudio MONTEVERDI, *Concerto. Settimo libro di madrigali*, Venezia, Stampa del Gardano, 1619.

Claudio MONTEVERDI, *Madrigali guerrieri et amorosi [...] Libro ottavo*, Venezia, Alessandro Vincenti, 1638.

Claudio MONTEVERDI, *Madrigali e canzonette a due e tre voci [...] Libro nono*, Venezia, Alessandro Vincenti, 1651.

Maurizio MORO, *I tre giardini de' madrigali del Costante accademico cospirante*, parte II, Venezia, Gasparo Contarini, 1602.

Maurizio MORO, *Amorosi stimoli dell'anima penitente*, Venezia, Giovanni Alberti, 1609.

Antonio MORTARO, *Il secondo libro delle fiammelle amorose*, Venezia, Ricciardo Amadino, 1590.

Marc'Antonio NEGRI, *Affetti amorosi*, Venezia, Stampa del Gardano, 1608.

Marc'Antonio NEGRI, *Affetti amorosi [...] Libro secondo*, Venezia, Ricciardo Amadino, 1611.

Vincenzo NERITI, *Canzonette a quattro voci libro primo*, Venezia, Angelo Gardano, 1593.

Angelo NOTARI, *Prime musiche nuove*, London, Hole, 1613.

Francesco PASQUALI, *Madrigali di Francesco Pascale cosentino a cinque voci libro secondo*, Venezia, Giacomo Vincenti, 1618.

Serafino PATTA, *Sacrorum canticorum [...] Liber secundus*, Venezia, Giacomo Vincenti, 1613.

Martino PESENTI, *Il primo libro de' madrigali a due, tre et quattro voci con il basso continuo*, Venezia, Alessandro Vincenti, 1621.

Martino PESENTI, *Il primo libro delle correnti alla francese*, Venezia, Alessandro Vincenti, 1635 (ristampa).

Paul PEUERL, *Neue Padovan, Intrada, Däntz und Galliarda [...]*, Nürnberg, Abraham Wagenmann, 1611.

Giovanni Maria PICCIONI, *Vespri intieri a quattro voci*, Venezia, Vincenti, 1596.

Ottavio PITONI, *Notitia de' contrapuntisti e compositori di musica* (1725 c.), edizione moderna a cura di Cesarino Ruini, Firenze, Olschki, 1988.

Enrico RADESCA, *Messe, et motetti [...] Libro primo*, Venezia, Alessandro Vincenti, 1620.

Alessandro RAVERIJ (a cura di), *Canzoni per sonare con ogni sorte di stromenti [...] di diversi eccellentissimi musici [...] libro primo*, Venezia, Alessandro Raverij, 1608.

Giovanni Battista RICCIO, *Il terzo libro delle divine lodi musicali*, Venezia, Stampa del Gardano, appresso Bartolomeo Magni, 1620.

Francesco ROGNONI, *Selva di varii passaggi, parte seconda*, Milano, Lomazzo, 1620.

Ottavio ROSSI, *Elogi historici di bresciani illustri*, Brescia, Fontana, 1620.

Salomone ROSSI, *Il primo libro delle sinfonie et gagliarde*, Venezia, Ricciardo Amadino, 1607.

Salomone Rossi, *Il secondo libro delle sinfonie è gagliarde*, Venezia, Ricciardo Amadino, 1608.

Girolamo Santucci, *Florido concento di madrigali in musica a tre voci [...] di eccellentissimi auttori*, Roma, Vitale Mascardi, 1652.

Claudio Saracini, *Le seconde musiche*, Venezia, Alessandro Vincenti, 1620.

Claudio Saracini, *Le terze musiche di Claudio Saracini detto il Palusi nobil senese*, Venezia, Giacomo Vincenti, 1620.

Claudio Saracini, *Le seste musiche*, Venezia, Bartolomeo Magni, 1624.

Orazio Scaletta, *Effetti d'amore, canzonette a quattro voci*, Venezia, Ricciardo Amadino, 1595.

Giuseppe Scarani, *Sonate concertate*, Venezia, Stampa del Gardano, appresso Bartolomeo Magni, 1630.

Johann Hermann Schein, *Banchetto musicale*, Leipzig, Abraham Lamberg e Caspar Kloseman, 1617.

Alessandro Scialla, *Il primo libro de madrigali a cinque voci*, Napoli, Giovanni Giacomo Carlino e Costantino Vitale, 1610.

Bartolomeo De Selma, *Primo libro [di] canzoni, fantasie et correnti*, Venezia, Bartolomeo Magni, 1638.

Leonardo Simonetti, *Ghirlanda sacra scielta da diversi eccellentissimi compositori de varij motetti a voce sola*, Venezia, Stampa del Gardano, 1625.

Agostino Soderini, *Canzoni a 4 & 8 voci*, Milano, Simon Tini e Filippo Lomazzo, 1608.

Antonio Taroni, *Secondo libro de madrigali a cinque voci*, Venezia, Ricciardo Amadino, 1612.

Torquato Tasso, *Il Goffredo ovvero Gierusalemme liberata*, Venezia, Altobello Salicato, 1589 (edizione di riferimento).

Pasquale Tristabocca, *Di Pasquale Trista Bocca il secondo libro di madrigali a cinque voci*, Venezia, Herede di Girolamo Scotto, 1586.

Simplicio Todeschi, *Amorose vaghezze a tre voci concertate*, Venezia, Alessandro Vincenti, 1627.

Francesco Turini, *Madrigali a 5 cioè 3 voci libro terzo*, Venezia, Alessandro Vincenti, 1624.

Vincenzo Ugolini, *Il Secondo libro de madrigali a cinque voci*, Venezia, Giacomo Vincenti, 1615.

Francesco Usper, *Compositioni armoniche*, Venezia, Stampa del Gardano, appresso Bartolomeo Magni, 1619.

Orazio Vecchi, *L'Amfiparnaso*, Venezia, Angelo Gardano, 1597.

Alessandro Vincenti (a cura di), *Indice di tutte le opere di musica che si trovano nella stampa della Pigna*, Venezia, Alessandro Vincenti, 1662.

Pietro Vinci, *Il terzo libro de madrigali a cinque voci*, Venezia, Girolamo Scotto, 1571.

Giaches de Wert, *Di Giaches de Wert l'ottavo libro de madrigali a cinque voci*, Venezia, Angelo Gardano, 1586.

Johann Woltz, *Nova musices organicae tabulaura*, Basel, Johann Jacob Genath, 1617.

Pietro Antonio Ziani, *Fiori musicali raccolti [...] nel giardino de madrigali a 2. 3. 4. voci*, Venezia, Bartolomeo Magni, 1640.

Gregorio Zucchini, *Promptuarium harmonicum*, Venezia, Alessandro Vincenti, 1616.

❧ Letteratura

Tiziana Agostini Nordio, *Rime dialettali attribuite a Maffio Venier. Primo Regesto*, in «Quaderni Veneti», 2, 1985, pp. 7-23.

Peter Allsop, *The Italian 'Trio' Sonata. From its Origins until Corelli*, Oxford, Clarendon Press – New York, Oxford University Press, 1992.

Peter Allsop, *Violinistic Virtuosity in the Seventeenth Century: Italian Supremacy or Austro-German Hegemony?*, in «Il Saggiatore Musicale», III, 2, 1996, pp. 233-258.

Peter Allsop, *Un 'nuovo virtuosismo': la tecnica violinistica italiana del XVII secolo e l'ascesa tedesca*, in *Relazioni musicali tra Italia e Germania nell'età barocca*, atti dell'omonimo convegno (Lenno-Como, 11-13 luglio 1995), a cura di Alberto Colzani, Norbert Dubowy, Andrea Luppi e Maurizio Padoan, Como, Antiquae Musicae Italicae Studiosi, 1997, pp. 217-237.

Peter ALLSOP, *Cavalier Giovanni Battista Buonamente. Franciscan Violinist*, Aldershot, Ashgate, 2005.

Willi APEL, *Studien über die frühe Violinmusik I*, in «Archiv für Musikwissenschaft», XXX, 3, 1973, pp. 153-174.

Rodolfo BARONCINI, *Giovan Battista Fontana «dal violino»: nuove acquisizioni biografiche?*, in «Recercare», 1990, II, pp. 213-224.

Rodolfo BARONCINI, *Origini del violino e prassi strumentale in Padania: «sonadori di violini» bresciani attivi a Venezia in ambito devozionale (1540-1600)*, in *Liuteria e musica strumentale a Brescia tra Cinque e Seicento*, atti del convegno omonimo (Brescia-Salò, 5-7 ottobre 1990), a cura di Marco Bizzarini, Bernardo Falconi e Ugo Ravasio, Brescia, Fondazione civiltà bresciana, 1992, vol. I, pp. 157-219.

Rodolfo BARONCINI, *Giovanni Gabrieli*, Palermo, L'Epos, 2012.

Michele BATTAGIA, *Delle accademie veneziane*, Venezia, Orlandelli, 1826.

Gustav BECKMANN, *Das Violinspiel in Deutschland vor 1700*, Leipzig, Simrock, 1918.

Gino BENZONI, *Le accademie,* in *Storia della cultura veneta*, diretta da Girolamo Arnaldi e Manlio Pastore Stocchi, Vicenza, Neri Pozza, 1976-1986, vol. IV/1, *Il Seicento,* pp. 131-162.

Ottavio BERETTA, *Individuata la data di nascita di Biagio Marini (Brescia 3 febbraio 1594 – Venezia 17 novembre 1663). Comunicazione provvisoria*, in «Rivista internazionale di musica sacra», XVII, 2, 1996, p. 189.

Ottavio BERETTA (a cura di), *Biagio Marini. Per ogni sorte di strumento musicale, libro terzo. Opera XXII (1655)*, Milano, Suvini Zerboni, 1997.

Manuel BERTOLINI, *L'affetto e la sua misura. Le autorità ecclesiastiche e la regolamentazione della musica nel Cinque e Seicento*, Tesi di Dottorato di ricerca, Università degli Studi di Milano, A.A. 2011-12.

Aurelio BIANCO, *«Nach englischer und frantzösichert Art». Vie et œuvre de Carlo Farina*, Turnhout, Brepols, 2010.

Aurelio BIANCO/Emilie CORSWAREM/Philippe VENDRIX, *Gilles Hayne, Biagio Marini et le duc de Neuburg*, in «Studi Musicali», XXXVI, 2007, 2, pp. 363-441.

Giovanni BIGNAMI, *Enciclopedia dei musicisti bresciani*, Brescia, Fondazione Civiltà Bresciana, 1985.

David D. BOYDEN, *The History of Violin Playing from its Origins to 1761 and its Relationship to the Violin and Violin Music*, London, Oxford University Press, ³1975.

Tarcisio BOTTANI (a cura di), *I Tasso e le poste d'Europa*, atti del I Convegno internazionale (Cornello dei Tasso, 1-3 giugno 2012), Bergamo, Corponove, 2012.

Georg BRUNNER, *Biagio Marini. Die Revolution in der Instrumentalmusik*, Schrobenhausen, Bickel, 1997.

Paolo CAMERINI, *Annali dei Giunti*, Firenze, Sansoni, 1962-1963.

Willene B. CLARK, *The Vocal Music of Biagio Marini (c. 1598-1665)*, Ph. D. Diss., 2 voll., Yale University, 1966.

Gaetano COZZI, *Il doge Nicolò Contarini. Ricerche sul patriziato veneziano agli inizi del Seicento*, Roma-Venezia, Istituto per la collaborazione culturale, 1958.

Angelo COLOMBO (a cura di) *Claudio Achillini. Poesie (1632)*, Roma, Edizioni di Storia e Letteratura, 2010.

Rebecca S. CYPESS, *Biagio Marini and the Meanings of Violin Music in the Early Seicento*, Ph.D. Diss., Yale University, 2008.

Rebecca S. CYPESS, *Instrumental Music and 'Conversazione' in Early Seicento Venice: Biagio Marini's 'Affetti musicali' (1617)*, in «Music and Letters», 93, 4, 2012, pp. 453-78.

Manlio T. DAZZI (a cura di), *Il libro chiuso di Maffio Venier (la tenzone con Veronica Franco)*, Venezia, Neri Pozza, 1956.

Andrea DA MOSTO, *L'archivio di Stato di Venezia – Archivi dell'amministrazione centrale della Repubblica veneta e archivi notarili*, Roma, Biblioteca d'Arte Editrice, 1937.

John DAVERIO, *In Search of the Sonata da camera before Corelli*, in «Acta musicologica», LVII, 1985, pp. 195-214.

Andrea Dell'Antonio, *Sintax, Form and Genre in Sonatas and Canzonas, 1621-1635*, Lucca, LIM, 1997.

Thomas D. Dunn, *The Instrumental Music of Biagio Marini*, Ph.D. Diss., 2 voll., Yale University, 1969.

Thomas D. Dunn, *The Sonatas of Biagio Marini: Structure and Style*, in «The Music Review», XXXVI, 3, 1975, 161-179.

Thomas D. Dunn, *Marini, Biagio*, in *The New Grove Dictionary of Music and Musicians*, Second Edition, a cura di Stanley Sadie e John Tyrrell, Oxford-New York, Oxford University Press, 2001, vol. XV, pp. 862-863.

Thomas D. Dunn, *Lo zio oscuro: the Music of Giacinto Bondioli*, in *Barocco padano 5*, atti del XIII Convegno internazionale sulla musica italiana nei secoli XVII-XVIII (Brescia, 18-20 luglio 2005), a cura di Alberto Colzani, Andrea Luppi e Maurizio Padoan, Como, Antiquae Musicae Italicae Studiosi, 2008, pp. 197-234.

Thomas D. Dunn, *Biagio Marini*, in *Web Library of Seventeenth-Century Music*, http://www.sscm-wlscm.org/index.php/main-catalogue?pid=27&sid=34:Madrigali-et-symfonie-Op-2-selections.

Elio Durante/Anna Martellotti, *Don Angelo Grillo O.S.B. alias Livio Celiano, poeta per musica del secolo decimosesto*, Firenze, SPES, 1989.

Paolo Fabbri, *Monteverdi*, Torino, E.D.T., 1985.

Fabio Fano, *Biagio Marini, violinista in Italia e all'estero*, in «Chigiana», XXII, 2, 1965, 47-57.

Joanne M. Ferraro, *Family and Public Life in Brescia, 1580 – 1650. The Foundations of power in the Venetian State*, Cambridge, Cambridge University Press, 1993.

Bonaventura Foppolo, *La parabola del ramo veneziano dei Tasso da Cornello a Venezia*, in *I Tasso e le poste d'Europa*, atti del I Convegno internazionale (Cornello dei Tasso, 1-3 giugno 2012), a cura di Tarcisio Bottani, Bergamo, Corponove, 2012, pp. 27-38.

Nigel Fortune, *Monteverdi and the Seconda Prattica*, in *The Monteverdi Companion*, London, Faber, 1968, pp. 192-226.

Claudio Gallico, *La «lettera amorosa» di Monteverdi e lo stile rappresentativo*, in «Rivista Musicale Italiana», 1967, I, pp. 287-302.

Bartolommeo Gamba, *Poeti antichi del dialetto veneziano*, Venezia, Alvisopoli, 1817.

Bartolommeo Gamba, *Raccolta di poesie in dialetto veneziano*, Venezia, Cecchini, 1845.

Andrea Garavaglia, *Sigismondo d'India drammaturgo*, Torino, EDT, 2006.

Vittorio Gibelli, *La musica strumentale di Biagio Marini*, in «Quadrivium», XI, 1970, 55-65.

Francesco Guardiani, *Oscula mariniana*, in «Quaderni d'italianistica», vol. XVI, n. 2, autunno 1995, pp. 197-243.

Paolo Guerrini, *Per la storia della musica a Brescia*, in «Note d'archivio per la storia musicale», XI, 1, 1934, pp. 1-28.

Paolo Guerrini, *Giuseppe Nember. Uomini illustri di Quinzano d'Oglio – Note bio-bibliografiche*, in «Memorie storiche della diocesi di Brescia», vol. V, 1934, pp. 65-131.

Frank Heidlberger, *Canzon da sonar. Studien zu Terminologie, Gattungsproblematik und Stilwandel in der Instrumentalmusik Oberitaliens um 1600*, Tutzing, Hans Schneider, 2000.

Dora Iselin, *Biagio Marini: sein Leben und seine Instrumentalwerke*, Inaugural-Dissertation zur Erlangung der Doktorwürde der philologisch-historischen Abteilung der hohen philosophischen Fakultät der Universität Basel, Hildburghausen, Gadow & Sohn, 1930.

Niels M. Jensen, *Solo Sonata, Duo Sonata and Trio Sonata: Some Problems of Terminology and Genre in 17-Century Italian Instrumental Music*, in *Festskrift Jens Peter Larsen*, a cura di Nils Schiørring, Henrik Glahn, Carsten Hatting, Copenhagen, Hansen, 1972, pp. 73-101.

Dietrich Kämper, *Studien zur instrumentalen Ensemblemusik des 16. Jahrhunderts in Italien*, in «Analecta Musicologica», Veröffentlichungen der Musikgeschichtlichen Abteilung des Deutschen Historischen Instituts in Rom, vol. 10, Köln - Wien, Böhlau, 1970, traduzione italiana a cura di Lorenzo Bianconi, *La musica strumentale nel Rinascimento. Studi sulla musica strumentale d'assieme in Italia nel XVI secolo*, Torino, ERI, 1975.

Éva LAX, *Claudio Monteverdi. Lettere*, Firenze, Olschki, 1994.

Sandra MANGSEN, *The Trio Sonata in the Pre-Corellian Prints: When Does 3 = 4?*, in «Performance Practice Review», III, 1990, pp. 138-164.

Sandra MANGSEN, *The "Sonata da camera" before Corelli: a Renewed Research*, in «Music & Letters», LXXVI, 1995, pp. 19-31.

Michele MAYLENDER, *Storia delle Accademie d'Italia*, Bologna, Cappelli, 1926-1930.

Ernst M. MEYER, *Concerted Instrumental Music*, in *The New Oxford History of Music*, vol. IV, *The Age of Humanism (1540-163)*, a cura di Gerald Abraham, Oxford, Oxford University Press, 1968, traduzione italiana a cura di Francesco Bussi, *La musica strumentale concertata*, in *L'età del Rinascimento*, Milano, Feltrinelli, pp. 639-640.

Roark MILLER, *The Composers of San Marco and Santo Stefano and the Development of Venetian Monody (to 1630)*, Ph.D. Dissertation, University of Michigan, 1993.

Roark MILLER, *Divorce, dismissal, but no disgrace: Biagio Marini's career revisited*, in «Recercare», IX, 1997, pp. 5-18.

Oscar MISCHIATI, *Indici, cataloghi e avvisi degli editori e librai musicali italiani dal 1591 al 1798*, Firenze, Olschki, 1984.

Oscar MISCHIATI, *Bibliografia delle opere dei musicisti bresciani pubblicate a stampa dal 1497 al 1740. Opere di singoli autori*, a cura di Mariella Sala e Ernesto Meli, Firenze, Olschki, 1992.

Pompeo MOLMENTI, *La storia di Venezia nella vita privata*, Bergamo, Istituto italiano delle arti grafiche, [7]1927-1929.

Vittorio MORA (a cura di), *I Tasso mastri di posta*, Milano, Gutenberg, 1982.

Massimo OSSI, *"Pardon Me, but Your Teeth Are in My Neck": Giambattista Marino, Claudio Monteverdi, and the bacio mordace*, in «The Journal of Musicology», vol. 21, 2004, n. 2, pp. 175-200.

William S. NEWMAN, *The Sonata in the Baroque Era*, New York, Norton & Company, [3]1972.

Maurizio PADOAN, *Un modello esemplare di mediazione nell'Italia del Nord: S. Maria Maggiore a Bergamo negli anni 1630-1657*, in «Rivista internazionale di musica sacra», XI, 2, 1990, pp. 115-157.

Franco PIPERNO, *Marini, Biagio*, in *Dizionario Biografico degli Italiani*, http://www.treccani.it/enciclopedia/tag/biagiomarini/Dizionario_Biografico/.

Franco PIPERNO (a cura di), *Biagio Marini. Affetti musicali, Opera Prima*, Milano, Suvini Zerboni, 1990.

Georghios PLUMIDIS, *L'organizzazione postale tassiana vista da Venezia. Ricerche presso l'Archivio di Stato di Venezia*, in *I Tasso e le poste d'Europa*, atti del I Convegno internazionale (Cornello dei Tasso, 1-3 giugno 2012), a cura di Tarcisio Bottani, Bergamo, Corponove, 2012, pp. 49-50.

Massimo PRIVITERA, *«Leggete queste note». La lettera amorosa di Achillini e Claudio Monteverdi*, postfazione a Claudio Achillini, *Poesie* (1632), a cura di Angelo Colombo, Roma, Edizioni di Storia e Letteratura, 2010.

Guido A. QUARTI, *Quattro secoli di vita veneziana*, Milano, Gualdoni, 1941.

Amedeo QUONDAM, *L'Accademia*, in *Letteratura italiana*, a cura di Alberto Asor Rosa, Torino, Einaudi, 1982, vol. 1, *Il letterato e le istituzioni*, pp. 823-898.

Ugo ROZZO, *Italian literature on the Index*, in *Church, Censorship and Culture in Early Modern Italy*, a cura di Gigliola Fragnito, Cambridge, Cambridge University Press, 2001, pp. 193-222.

Daniele SABAINO, *Contributo ad una precisazione morfologica della canzone polifonica d'insieme: considerazioni analitiche sulle composizioni dei musicisti bresciani del Cinque-Seicento*, in *Liuteria e musica strumentale a Brescia tra Cinque e Seicento*, atti del convegno omonimo (Brescia-Salò), 5-7 ottobre 1990, a cura di Rosa Cafiero e Maria Teresa Rosa Barezzani, Brescia, Fondazione civiltà bresciana, 1992, vol. II, pp. 191-235.

Henri SACCHI, *La Guerre de Trente Ans*, nuova edizione rivista e corretta, Paris, L'Harmattan, 2003.

Claudio SARTORI, *Bibliografia della musica strumentale italiana stampata in Italia fino al 1700*, Firenze, Olschki, 1952.

Claudio SARTORI, *Une pratique des musiciens lombards (1582–1639) : l'hommage des chansons instrumentales aux familles d'une ville*, in *La musique instrumentale de la Renaissance*, a cura di Jean Jacquot, Paris, Éditions du Centre National de la Recherche Scientifique, 1955, pp. 305-312.

Eleanor SELFRIDGE-FIELD, *Venetian Instrumental Music from Gabrieli to Vivaldi*, Oxford, Basil Blackwell, 1975, traduzione italiana a cura di Franco Salvatorelli, *La musica strumentale a Venezia da Gabrieli a Vivaldi*, Torino, Eri, 1980.

Eleanor SELFRIDGE-FIELD, *Bondioli, Giacinto*, in *The New Grove Dictionary of Music and Musicians*, Second Edition, a cura di Stanley Sadie e John John Tyrrell, Oxford-New York, Oxford University Press, 2001, vol. III, p. 853.

Doron D. SHERWIN (a cura di), *Scarani. 18 sonate concertate a due e tre voci (Venezia, 1630)*, Bologna, Ut Orpheus, 1998.

Roger SIMON/G. GIDROL, *Appunti sulle relazioni tra l'opera poetica di G.B. Marino e la musica del suo tempo*, in «Studi Secenteschi», XIV, 1973, pp. 81-187.

Joachim STEINHEUER, *Marini, Biagio*, in *Die Musik in Geschichte und Gegenwart*, Zweite, neubearbeitete Ausgabe, a cura di Ludwig Finscher, Kassel, Bärenreiter - Stuttgart, Metzler, 1994-2008, Personenteil, vol. XI, coll. 1094-1098.

Michael TALBOT, *Vivaldi*, London, J.M. Dent & Sons, 1978, traduzione italiana di Augusto Comba, *Vivaldi*, Torino, E.D.T, 1978.

Rodobaldo TIBALDI, *Merlotti, Claudio*, in *Dizionario Biografico degli Italiani*, http://www.treccani.it/enciclopedia/claudio-merlotti_(Dizionario-Biografico).

Marina TOFFETTI, «Et per che il mondo non entri in sospetto di adulatione»: titoli e dedicatorie *delle canzoni strumentali sullo sfondo dell'ambiente musicale milanese fra Cinque e Seicento*, in *Ruggero Giovannelli «Musico eccellentissimo e forse il primo del suo tempo»*, atti del convegno internazionale di studi (Palestrina-Velletri, 12-14 giugno 1992), a cura di Carmela Bongiovanni e Giancarlo Rostirolla, Palestrina, Fondazione Giovanni Pierluigi da Palestrina – Provincia di Roma – Comune di Velletri, 1998, pp. 601-636.

Daniele TORELLI, *«Sopra le tenebre del mio povero inchiostro»: Biagio Marini e la musica sacra*, in *Barocco padano 4*, atti del XII Convegno internazionale sulla musica italiana nei secoli XVII-XVIII (Brescia, 14-16 luglio 2003), a cura di Alberto Colzani, Andrea Luppi e Maurizio Padoan, Como, Antiquae Musicae Italicae Studiosi, 2006, pp. 145-204.

Andrea VALENTINI, *I musicisti bresciani ed il Teatro Grande*, Brescia, Queriniana, 1894.

John WHENHAM, *Duet and Dialogue in the Age of Monteverdi*, Studies in British Musicology, n. 7, 2 voll., Ann Arbor, UMI Research Press, 1982.

Maura ZONI (a cura di), *Biagio Marini. Sonate, sinfonie canzoni, passamezzi, balletti, correnti, gagliarde, & ritornelli, a 1, 2, 3, 4, 5, & 6, voci per ogni sorte di strumenti. Opera Ottava (1629)*, Milano, Suvini Zerboni, 2004.

10. Indice dei nomi

A

ACHILLINI Claudio: 16, 38, 51 (anche n. 145 e n. 147)
ANTEGNATI Costanzo: 34 (n. 102), 61, 62 (n. 164)
APEL Willi: 71
ASBURGO
    Ferdinando II – Duca di Stiria, poi Imperatore del Sacro Romano Impero Germanico: 26
    Mattia – Imperatore del Sacro Romano Impero Germanico: 26
    Rodolfo II – Imperatore del Sacro Romano Impero Germanico: 28
ASOLA Giovanni Matteo: 55
AVOGADRO – famiglia patrizia bresciana: 32 (n. 89)

B

BACCUSI Ippolito: 50 (n. 141)
BALBEZZI Carlo: 61
BALCINELLI Marc'Antonio: 52 (n. 150)
BANCHIERI Adriano: 47-48
BARBARINO Bartolomeo: 31
BARGNANI Ottavio: 61
BARTOLINI Orindio: 57
BASSANO Giovanni: 22 (n. 44)
BATTAGIA Michele: 31 (n. 79)
BECKMANN Gustav: 69 (n. 187)
BELLI Giulio: 66
BERETTA Lodovico: 61
BERETTA Ottavio: 17 (n. 24)
BOMBARDA Domizio/Dionisio: 33
BONAFFINO Filippo: 50 (n. 141)
BONDIOLI
    Giacinto: 18 (anche n. 27 e n. 29), 19 (anche n. 33), 66 (anche n. 174)
    Giovanni: 19 (n. 31)
    Giulia: 17 (anche n. 24)
BONELLI Pace: 29
BONFANTE Francesco: 22 (anche n. 44)
BORSARO Arcangelo: 57
BUONAMENTE Giovanni Battista: 65 (n. 169), 68, 71

C

CALZAREZIO Carlo: 29 (n. 74)
CAMPEGGI Ridolfo: 52 (n. 150)
CANALE Floriano: 61
CAPECE Alessandro: 57
CAPRANICA Isabella: 44
CAPRIOLI – famiglia patrizia bresciana: 32 (n. 89)
CASONI Guido: 41 (n. 114)
CASTELLO Dario: 59, 62 (anche n. 167), 66, 67 (n. 180), 68, 71, 74, 78
CATTANEA DE TASSIS Lucina: 27
CAVALLI Francesco: 18 (n. 29)
CAVAZZA Antonio: 29 (n. 74)
CECCHINO Tommaso: 56
CESCATO Giacomo: 52 (n. 150)
CIFRA Antonio: 55
CLARK Willene B.: 12, 15 (n. 21), 25 (n. 57)
COLOMBI Giovanni Bernardo: 56
COMINCIOLI – famiglia di antica cittadinanza veneziana: 33
COMINCIOLI – famiglia di stampatori: 33 (n. 93)
CORELLI Arcangelo: 35, 69
CORNALE Lodovico «dal cornetto»: 20, 21 (n. 38 e n. 39)
CORRADINI Nicolò: 52 (n. 150)
COZZANDO Leonardo: 24 (n. 55)
CRIVELLI Giovanni Battista: 29 (n. 74)
CROCE Giovanni: 31
CYPESS Rebecca S.: 16 (n. 21)

D

DANELLA Alessandro: 24 (n. 54)
DUNN Thomas D.: 16 (anche n. 21), 40 (n. 113)

E

EVERAERTS Jan – *alias* Giovanni Secondo: 39 (n. 108)

F

Fabbri Paolo: 54 (n. 154)
Fabris Giovanni Battista: 22 (n. 44)
Farina Carlo: 65, 68-69, 73 (n. 196)
Farnese - duchi di Parma e Piacenza: 23
Ranuccio I: 25 (n. 61)
Fiamma Carlo: 44 (anche n. 126)
Filippi Gaspare: 33
Finetti Giacomo: 18 (n. 29), 33
Fontana Giovanni Battista: 11, 19-21 (anche n. 35, 38 e n. 39), 65 (n. 169), 68 (anche n. 184), 78
Foppolo Bonaventura: 28 (n. 72)
Franzini Federico: 34, 35 (n. 104)
Frescobaldi Girolamo: 40 (n. 112), 56
Furlan Pietro: 22 (n. 44)

G

Gabrieli
    Andrea: 48 (n. 135)
    Giovanni: 32 (n. 89), 62 (n. 164), 63
Gallico Claudio: 51 (n. 145)
Gamba Bartolommeo: 47 (n. 129)
Gardano – stamperia: 25 (n. 61)
Gasparo «da Salò»: 21
Ghizzola – famiglia patrizia bresciana: 32 (n. 89)
Ghizzolo Giovanni: 32 (n. 89), 34 (n. 100), 56, 61
Gibelli Vittorio: 17 (n. 24)
Giunti
    Giovanni Maria: 31 (anche n. 80, 81, 83, 84 e n. 85), 44
    Tommaso: 31 (anche n. 80, 81, 83 e n. 84), 44
Grancino Michel Angelo: 56
Grandi Alessandro: 18 (n. 29), 23 (anche n. 50), 32, 33 (n. 91), 78
Grandi Ottavio Maria: 69
Grillo Angelo – *alias* Livio Celiano: 34 (n. 100), 38, 43-44 (anche n. 118, 119 e n. 124), 57
Grillo Giovanni Battista: 34 (anche n. 100), 71
Grimani – famiglia patrizia veneziana: 34
Guarini Giovanni Battista: 39 (n. 108), 43 (n. 123)
Guerrini Paolo: 19 (anche n. 31)
Gussago Cesario: 20-21 (anche n. 39), 33 (n. 92), 66

H

Hayne Gilles: 56

I

d'India Sigismondo: 41 (n. 114), 43 (anche n. 123), 78, 82
Iselin Dora: 10 (n. 4)

L

Lappi Pietro: 61-62 (anche n. 164)
Legrenzi Giovanni Battista: 20, 59
Luzzari Antonio: 20 (n. 35)

M

Maggini Giovanni Paolo: 21
Maggio Troiano: 17 (n. 24)
Malipiero – famiglia patrizia veneziana: 34
Marenzio Luca: 55
Marini
    Agostino: 17-18
    Feliciano: 17 (anche n. 24)
Marino Giovan Battista: 37-40 (anche n. 108 e 109), 43-44 (n. 118), 46, 56
Martinengo – famiglia patrizia veneta: 32 (n. 89)
Maschera Florentio: 61, 62 (n. 164)
Massenzio Domenico: 55
Mattioli Giulio: 29 (n. 74)
Maylender Michele: 30 (n. 76)
Medici Giulio: 57
Melli Domenico Maria: 39
Merula Tarquinio: 68
Merulo Claudio: 48 (n. 135)
Mocenigo – famiglia patrizia veneta: 33 (n. 91)

Mogavero Antonio: 50 (n. 141)
Molinaro Simone: 55
Molino Antonio – *alias* Manoli Blessi: 48 (n. 135)
Monteverdi Claudio: 16, 18 (n. 29), 22-23 (anche n. 42, 48 e n. 52), 39 (anche n. 108), 41 (n. 114), 43 (anche n. 123), 45, 50-54 (anche n. 142, 146, 147 e n. 154), 56, 77 (n. 206), 78
Moro Maurizio: 38, 45, 49-50 (anche n. 138, 139 e n. 141)
Mortaro Antonio: 34 (n. 102), 62
Murtola Gaspare: 44

N
Negri (Neri)
    Giacomo: 26 (n. 63)
    Marc'Antonio: 22-23 (anche n. 45), 26 (n. 63), 38, 50, 54 (anche n. 154), 56, 78, 83
    Massimiliano: 59
Neriti Vincenzo: 57
Notari Angelo: 54 (n. 154)

O
Ongaro Antonio: 44
Orsini – famiglia patrizia veneziana: 47 (n. 133)
Ossi Massimo: 39 (n. 108)

P
Paar Giovanni Battista: 28 (anche n. 72)
Padovano Annibale: 48 (n. 135)
Pasquali Francesco: 56
Pasquini Bernardo: 35
Patta Serafino: 66
Pelli Pietro: 29 (n. 74)
Pesenti Martino: 31, 34 (n. 100), 72 (n. 193)
Petracci Pietro: 38, 44 (anche n. 124), 57
Peuerl Paul: 73
Pfalz-Neuburg (von) Wolfgang Wilhelm: 9 (anche n. 1 e n. 2), 24, 25 (n. 57), 26, 49 (n. 137), 60
Picchi Eugenio: 29 (n. 74)

Picchi Giovanni: 59, 71
Piccioni Giovanni: 19 (n. 34)
Piccioni Giovanni Maria: 19 (anche n. 33 e n. 34)
Pignatelli Ascanio: 44
Piperno Franco: 32, 68
Pitoni Giuseppe Ottavio: 25 (n. 61)
Priuli – famiglia patrizia veneta: 32 (n. 89)
Priuli Giovanni: 18 (n. 29), 32 (n. 89)

Q
Quarti Guido Antonio: 47 (n. 133)
Quondam Amedeo: 30 (n. 76)

R
Radesca Enrico: 34 (n. 97)
Raverij Alessandro: 62 (n. 164)
Reghino Giovanni Battista: 20 (n. 35)
Riccio Giovanni Battista: 32-33 (anche n. 92), 34 (n. 100), 59
Rinaldi Cesare: 39 (n. 108), 44
Rinuccini Ottavio: 44 (n. 123)
Rocca – famiglia di antica cittadinanza veneziana: 34
Rognoni Francesco: 68 (n. 180)
Rore (de) Cipriano: 48 (n. 135)
Rossi – famiglia di antica cittadinanza veneziana: 34 (n. 98)
Rossi Ottavio: 34
Rossi Salomone: 65-68 (anche n. 169 e n. 177), 71, 78
Rovetta Giovanni Battista: 18 (n. 29), 22 (n. 44), 59

S
Sangirvasi Marta: 17 (n. 24)
Santi (de) Bartolamio: 52 (n. 150)
Santucci Girolamo: 56
Saracini Claudio: 56, 82
Sartori Claudio: 15 (n. 21)
Scaletta Orazio: 57

SCARANI Giuseppe: 65 (n. 169), 67 (n. 180), 68
SCHEIN Johann Hermann: 73
SCIALLA Alessandro: 54 (n. 154)
SCIPIONE Lorenzo: 24 (n. 54)
SECCO – famiglia patrizia bresciano-bergamasca: 34
SECCO – famiglia di antica cittadinanza veneziana: 34 (n. 102)
SECCO Teodosio: 34 (n. 102)
SELMA Y SALAVERDE (DE) Bartolomeo: 67, 68 (n. 180)
SODERINI Agostino: 34 (n. 102)
SOVERICO Pierluigi: 17 (n. 24)
STRADELLA Alessandro: 35
STRIGGIO Alessandro *Junior*: 23 (n. 52)

T

TALBOT Michel: 20
TARONI Antonio: 56
TASSO (Thurn und Taxis): 27 (anche n. 68), 28 (n. 72)
    Ferdinando: 28
    Torquato: 27 (n. 68), 37, 39 (n. 108), 41, 43 (n. 18), 49 (n. 138), 55

TEDOLDO Agostino: 28
TEDOLDO CATTANEI
    Giovanni Giuseppe (Gioseppe Tedoldo Catani): 26-27
    Leopoldo: 28
    Ventura: 28
TODESCHI Simplicio: 56
TODESCHINI Francesco: 71

TORELLI Daniele: 12, 19 (n. 34)
TRANQUILLO (don): 17 (n. 24)
TRISTABOCCA Pasquale: 55
TURINI Francesco: 56

U

UGOLINI Vincenzo: 56
USPER
    Francesco: 68 (n. 182)
    Gabriele: 59, 68 (anche n. 182)

V

VECCHI Orazio: 47-48
VENIER
    Domenico: 47 (n. 130)
    Maffio: 38, 47 (anche n. 130)
VINCENTI Alessandro: 34
VINCI Pietro: 44 (n. 127)
VITALI Filippo: 29 (n. 74)
VIVALDI Antonio: 20

W

WERT (DE) Giaches: 48 (n. 135), 55
WHENHAM John: 43 (n. 120)
WILLAERT Adrian: 48 (n. 135)

Z

ZANOTTA Antonio: 22 (n. 44)
ZIANI Pietro Antonio: 56
ZUCCHINI Gregorio: 34 (n. 100), 61